VELÁZQUEZ

PINTORES DE SIEMPRE

VELÁZQUEZ

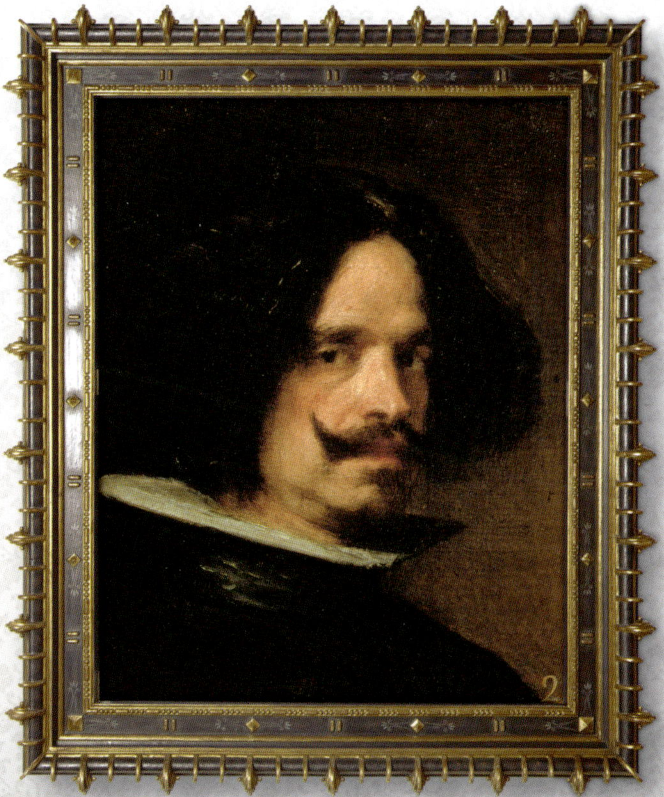

susaeta

Coordinación científica:
Juan-Ramón Triadó Tur
Profesor Titular de Historia del Arte
de la Universidad de Barcelona

Textos:
Laura García Sánchez
Doctora en Historia del Arte

SUMARIO

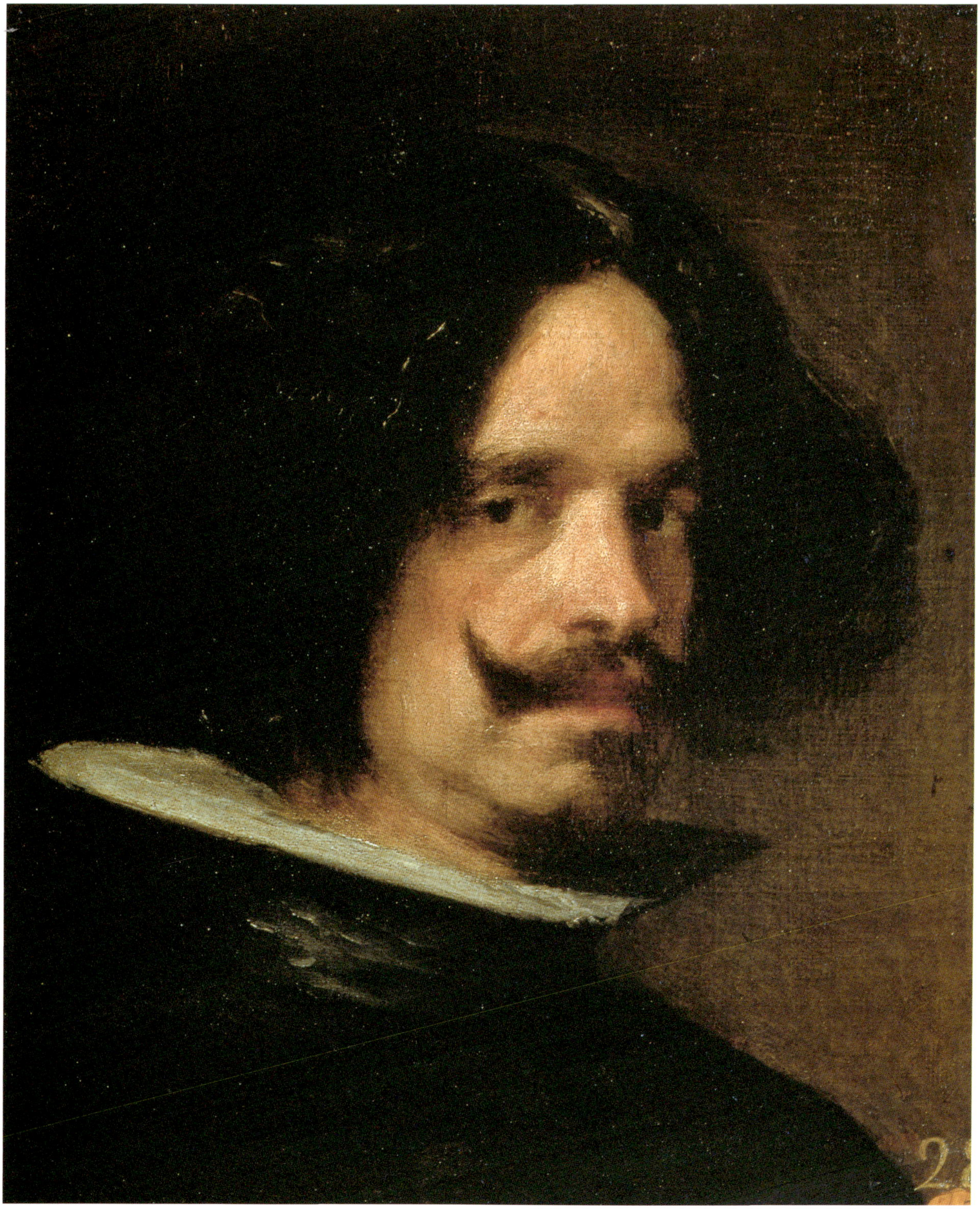

La ciudad de Sevilla y Velázquez

Hijo de Juan Rodríguez de Silva y de su esposa Jerónima Velázquez, Diego de Velázquez nació en la calle de la Gorgoja, en Sevilla, y recibió las aguas bautismales el 6 de junio de 1599 en la parroquia de San Pedro. Su padre pertenecía, o pretendía ser descendiente, de la baja nobleza, pero la libertad de aquella época en la cuestión de la trasmisión de apellidos hizo que el futuro artista tomase el de su madre, y Velázquez fue el nombre con el que se dio a conocer en la corte de Madrid y en otros lugares, con la excepción de algunos amigos y compañeros que lo llamaban, simplemente, «el Sevillano».

La formación del genio

Los primeros años de Velázquez resultan algo confusos, especialmente por la veracidad o no de las posibilidades económicas e intereses sociales de su familia. No obstante, y según costumbre del momento, inició su primera formación educativa en el ámbito de las disciplinas humanísticas, indicativo quizá del teórico bienestar del que disponía, y destacó de forma especial en el estudio de las lenguas y la filosofía, materias que al parecer cultivó durante toda su vida a tenor de los libros conservados en su biblioteca. Sin embargo, su vocación hacia la pintura lo llevó pronto, concretamente en septiembre de 1611, al inicio de su aprendizaje en el taller del pintor Francisco Pacheco. El período acostumbrado solía ser de seis años, y, según el contrato, Pacheco asumía el encargo de enseñar al aprendiz de 12 años el arte de la pintura como mejor sabía, aunque más probablemente hizo de esta relación maestro-discípulo un aprendizaje de manera espontánea. Sin embargo, según la biografía sobre Velázquez de Antonio Palomino, pintor y escritor de cuestiones artísticas del siglo XVIII, parece ser que su formación pictórica fue debida a más de un maestro, incluyéndose entre éstos a Francisco Herrera, el Viejo. Dentro de los cánones de la época, es significativo el hecho de que Juan Rodríguez permitiese a su hijo primogénito dedicarse profesionalmente a la pintura, manifestando con esta actitud un cierto desconocimiento o despreocupación de los criterios de la vida noble, ya que en la España del siglo XVII la pintura estaba consideraba como un oficio artesanal y, por tanto, sumamente impropia para un caballero de la nobleza.

El taller de Pacheco, herencia de aquella informal academia de letras que fundara su tío, también llamado Francisco, canónigo de la catedral sevillana y famoso en la ciudad como erudito y teólogo, era punto de reunión no sólo de pintores, sino también de poetas y estudiosos, en su mayor parte personas de profunda cultura. De los temas que alude Pacheco en su famoso tratado sobre la teoría y la práctica del arte, titulado *Arte de la Pintura*, publicado póstumamente en 1644, se puede deducir que Velázquez fue testigo de muchas discusiones sobre algunos

Autorretrato
después de 1640, óleo sobre lienzo, 45,5 × 38 cm
Valencia: Museo de Bellas Artes

La misma intensidad con la que Velázquez expresó las circunstancias vitales de los personajes a quienes retrató puede aplicarse a su autorretrato, obra en la que puede apreciarse la seguridad de un artista quien, con su templada mirada, parecía aseverar ya su brillante futuro.

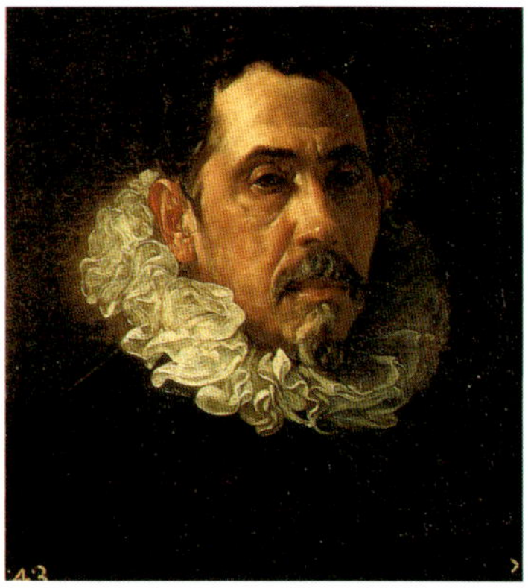

Francisco Pacheco
o **Retrato de hombre con gola**
1620, óleo sobre lienzo, 40 × 36 cm
Madrid: Museo del Prado

Ejemplo característico del retrato masculino típico de la España de la segunda mitad del siglo XVI *y primeras décadas del siglo* XVII, *en el que el personaje aparece de busto y recortado sobre un fondo negro; el traje negro y la gorguera subrayan una determinada escala social.*

temas en alza en aquella época, por ejemplo, la cuestión de la superioridad de la pintura sobre la escultura. Pacheco dedicó casi la mitad del contenido de su obra a defender la causa de la pintura como arte liberal, circunstancia que permite apreciar lo sumamente importante que fue para Velázquez poder estudiar pintura en un entorno en el que la unión de las artes y las letras era una realidad viva. En aquellos momentos, quizá tan solo en casa de Pacheco pudo haber recibido un desarrollo intelectual paralelo al de su formación, pues tan sólo en materia de pintura cualquier artista de experiencia podría haberse hecho cargo de la enseñanza del virtuoso precoz. Es también probable que el joven Velázquez hubiera aprendido por Pacheco la importancia de copiar esculturas antiguas o las obras de Miguel Ángel o Rafael para mejorar la técnica pictórica.

No resulta difícil de imaginar que Velázquez se convirtió con rapidez en más que un colaborador en las obras que se realizaban en el taller del maestro, y hacia 1615 comenzó a trabajar por su cuenta, sin por ello abandonar la tutela de Pacheco. Una vez finalizado el período de aprendizaje, solicitó ser examinado por los correspondientes expertos, designados por el Gremio de Pintores, que fueron en este caso el propio Francisco Pacheco y Juan de Uceda, pintor local de reconocido prestigio. Así, después de superar el examen de calificación, el 14 de marzo de 1617 se convirtió en miembro de la corporación de San Lucas, hecho que automáticamente le concedía la licencia para establecer taller o tienda pública de pintor y disponer de oficiales y aprendices, y a pintar para las iglesias y edificios públicos, privilegios de los que no tardó en hacer uso. Este nuevo *status* significó para el artista dar lugar a una actividad de carácter más profesional o, lo que es lo mismo, dar comienzo a la etapa sevillana de su arte.

Entre lo religioso y la pintura de género

De los cuadros realizados por aquella época se deduce que se trataba ya de un pintor, aunque en ciernes, excepcional y perfectamente capaz de reproducir su entorno vital más cercano. Estas obras transmiten, además, su carácter apacible y sereno e indican sus preferencias dentro de la temática del mundo de la pintura de entonces, cuya demanda estaba especialmente centrada en los grandes cuadros de carácter religioso, tanto los de las series destinadas a los claustros y otras dependencias monásticas, como si formaban parte de los retablos de las iglesias o solucionaban las necesidades piadosas de los particulares. En cualquier caso, y tratándose sobre todo de una ciudad como Sevilla, tan devota a sus vírgenes y santos, los cuadros, aparte de subrayar ciertos valores estéticos, debían despertar la fe y la devoción. Obviamente, Velázquez fue uno más, aunque especial, entre aquellos otros artistas cuyos pinceles recogieron este aspecto de religiosidad y que fueron los representantes de la fecunda escuela sevillana de aquellos años, como Juan de Roelas, o el ya citado Francisco Herrera el Viejo, continuados a lo largo del tiempo por artistas de la talla de Francisco de Zurbarán, Bartolomé Esteban Murillo o Juan de Valdés Leal.

Velázquez desarrolló esta etapa de su carrera artística durante unos 5 años, pintando durante la misma unas 60 obras, algunas de ellas no exentas de cierta complejidad, a pesar de que las que actualmente se conocen no son más que reflejo de una mínima parte de tan amplia producción, pero que permiten, no obstante, valorar este inicio de su pintura. Un grupo importante de las mismas está constituido por los llamados bodegones, basados en un constante estudio del natural y que, interpretados a la manera velazqueña, causaron una notable impresión en los pintores sevillanos de su generación y posiblemente en los de la generación precedente. Algunas de estas obras concuerdan perfectamente con la opinión de Pacheco respecto a la pintura de bodegón del que era ya su yerno, pues Velázquez

La venerable madre Jerónima de la Fuente
1620, óleo sobre lienzo, 160 × 110 cm
Madrid: Museo del Prado

La refinada austeridad que caracteriza todo el arte velazqueño impregna esta obra por completo. En ella, los colores apagados, la ausencia de fondo, la firmeza con que estrecha el crucifijo, la postura y el aire decididos resaltan la abnegada entrega de la monja.

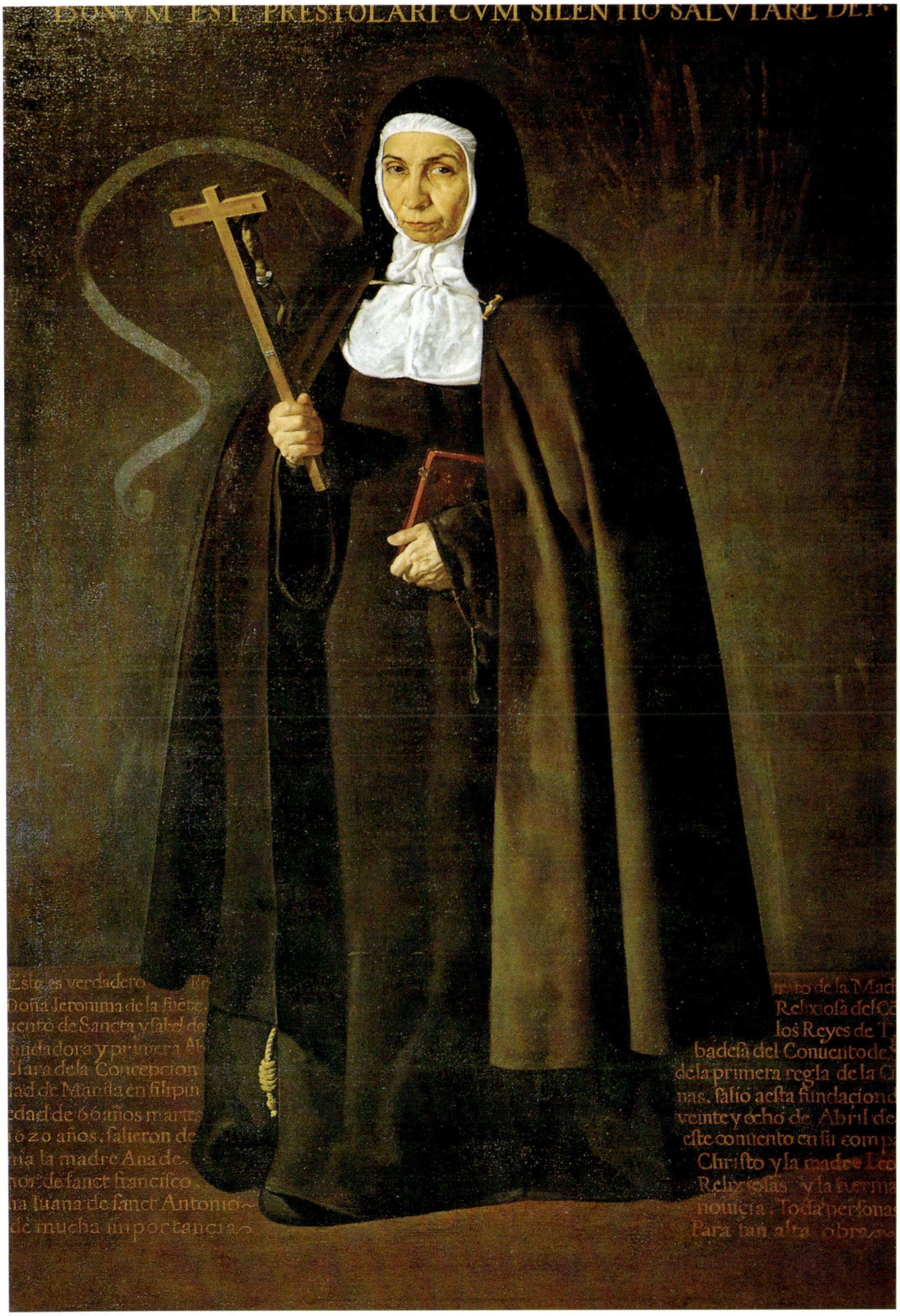
BONVM EST PRESTOLARI CVM SILENTIO SALVTARE DEI
Este es verdadero
Doña Jeronima de la fuente
uento de Sancta ysabel de
fundadora y primera Ab
Clara dela Concepcion
dad de Manila en filipin
edad de 66 años martes
1620 años. salieron de
nia la madre Ana de
nor de sanct francisco.
na Juana de sanct Antonio
de mucha importancia
Relixiosa del Co
los Reyes de T
badesa del Conuento de
dela primera regla de la C
nas. salio a esta fundacion
veinte y ocho de Abril de
este conuento en su compa
Christo y la madre
Relixiosas y la herma
nouicia. Toda persona
Para tan alta obra

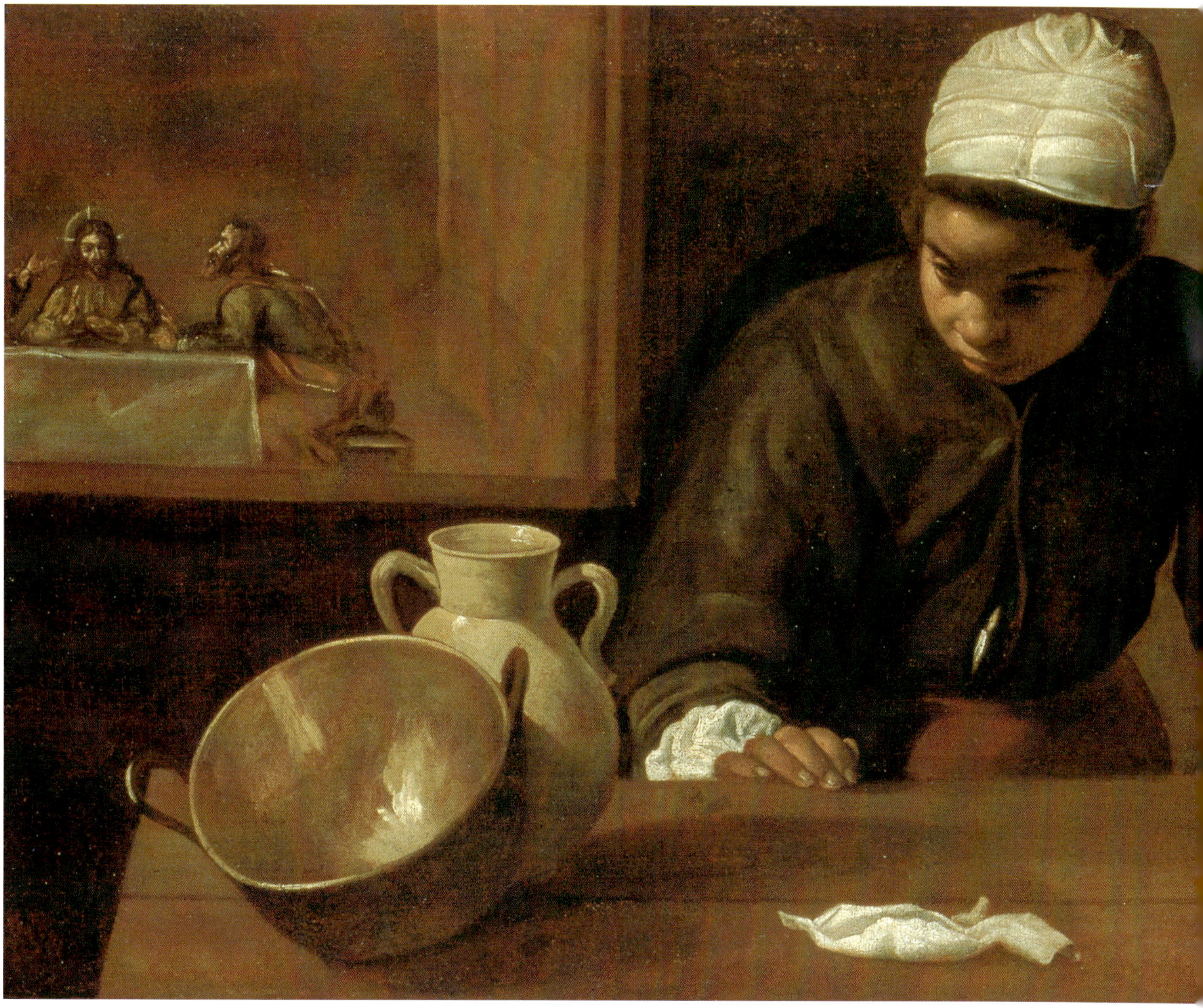

había contraído matrimonio con su hija Juana (tres años más joven que él) el 23 de abril de 1618. Para Pacheco, los bogedones eran un género pictórico sumamente apreciable sólo si eran pintados como lo hacía Velázquez. En ellos, junto a la representación de objetos de tipo cotidiano y variados alimentos, aparecen tipos populares fácilmente identificables con el que debió ser el entorno más cercano del artista, no exento nada de ello de una cuidada transcripción pictórica en la que la elección de los tonos cromáticos subraya la intención y la atención del tema representado hacia ciertas particularidades del cuadro. El origen de este tipo de conceptos puede tener su punto de partida en Caravaggio, pero interpretados en el caso de Velázquez con criterios personales y enriquecidos con aportaciones de origen flamenco y, después de 1620, con las novedades que iban llegando a Sevilla de la obra que José Ribera estaba desarrollando de forma paralela en Nápoles. Numerosas copias o imitaciones de los bodegones de Velázquez, datables

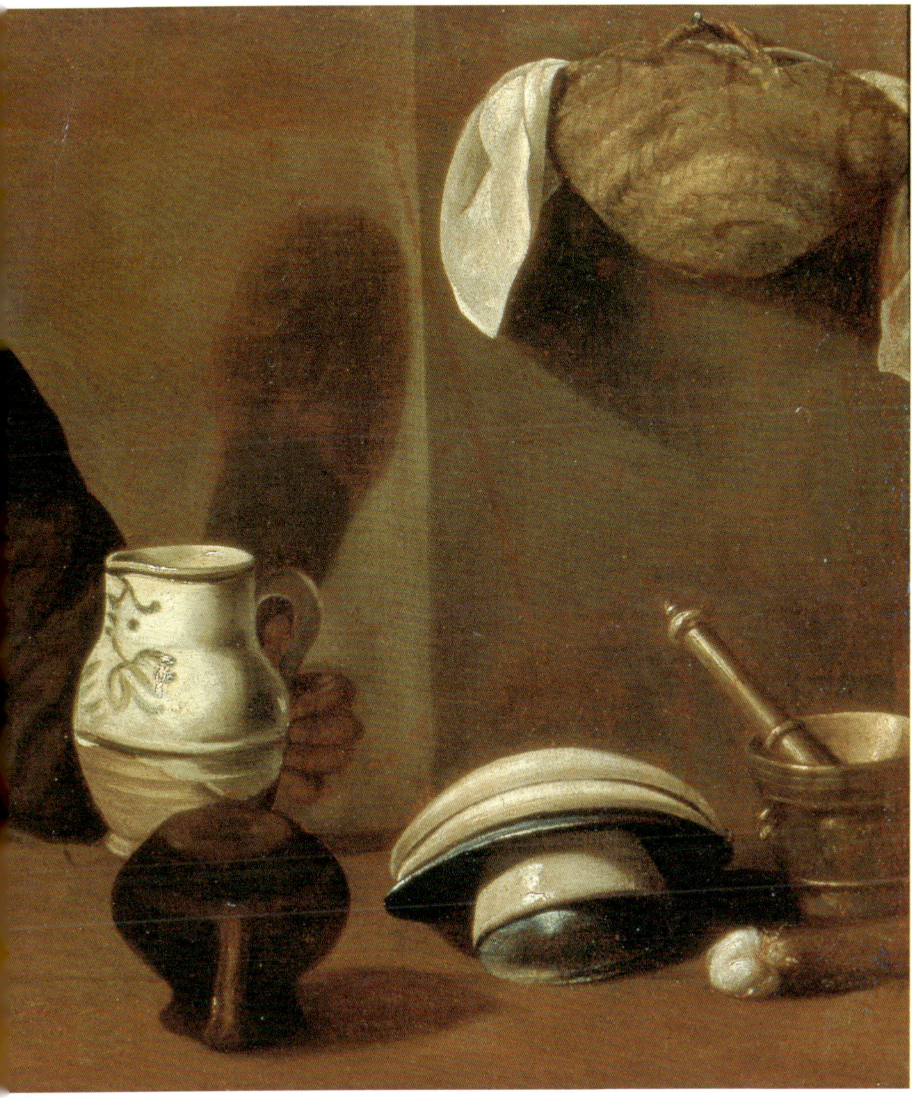

La mulata
o La cena en Emaús
1618, óleo sobre lienzo, 55 × 118 cm
Dublín: The National Gallery of Ireland

La gran variedad de objetos expuestos a lo largo de la mesa permitió a Velázquez mostrar a través de sus formas su incipiente dominio de la técnica pictórica, a la vez que experimentar con las gradaciones lumínicas del cerrado ámbito de una estancia.

aproximadamente por aquellos años, muestran la consideración que había suscitado el joven maestro.

En ese conjunto de cuadros, cuya totalidad abarca casi una veintena, es evidente lo que podría definirse como una evolución temática, porque si los más antiguos, a partir de 1617, pueden considerarse bogedones en un sentido amplio, en los años sucesivos dominaron en su obra los cuadros de género, los de carácter religioso y los retratos. Del primer grupo forman parte lienzos como *Dos hombres comiendo*, *El almuerzo*, *Vieja friendo huevos* y *Jesús en casa de Marta y María*, proponiendo cada uno de ellos una problemática particular y una evidente evolución en la representación tanto de formas como de objetos (básicamente objetos de loza o cerámica y piezas metálicas en las que hay representados peces y otro tipo de alimentos) y personas, palpable en la rústica indumentaria de algunos personajes. La mejora de la técnica pictórica también es evidente en la relación entre

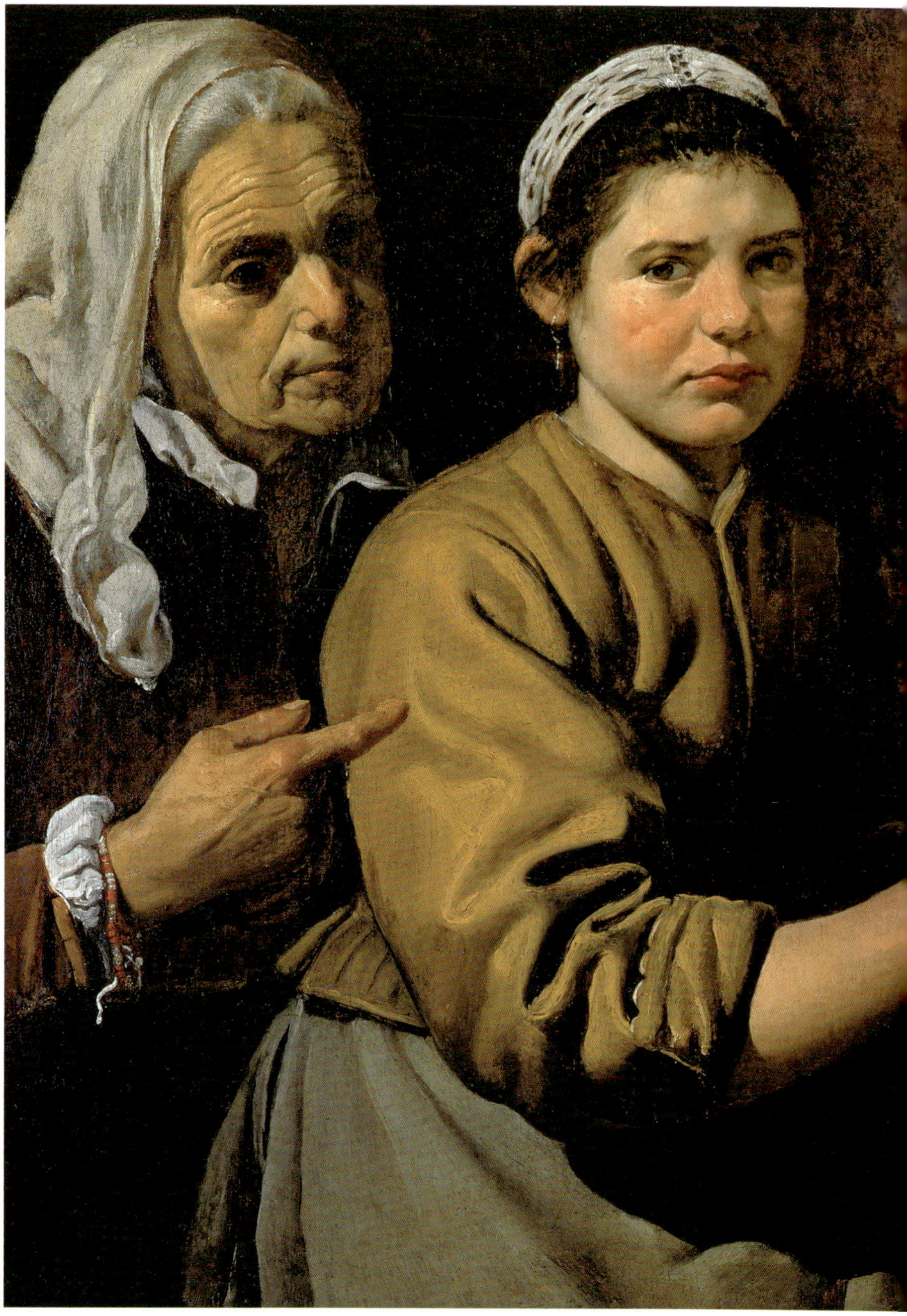

Jesús en casa de Marta y María
1618, óleo sobre lienzo, 60 × 103,5 cm
Londres: National Gallery

Se trata del cuadro religioso más característico pintado por Velázquez antes de abandonar Sevilla, y en el que el relato bíblico se combina con elementos del bodegón. Los personajes dan la impresión de estar suspendidos en el tiempo, pero con el añadido de un toque de misterio.

sí de los volúmenes en el espacio, el modo de representar la luz y la manera de sugerir la profundidad del aire y del ambiente.

El de *Jesús en casa de Marta y María* muestra ya una posible utilización del recurso ofrecido por un vano como encuadre de una escena y cuya composición está inspirada en un grabado según Pieter Aertsen en el que, al igual que en el cuadro de Velázquez,

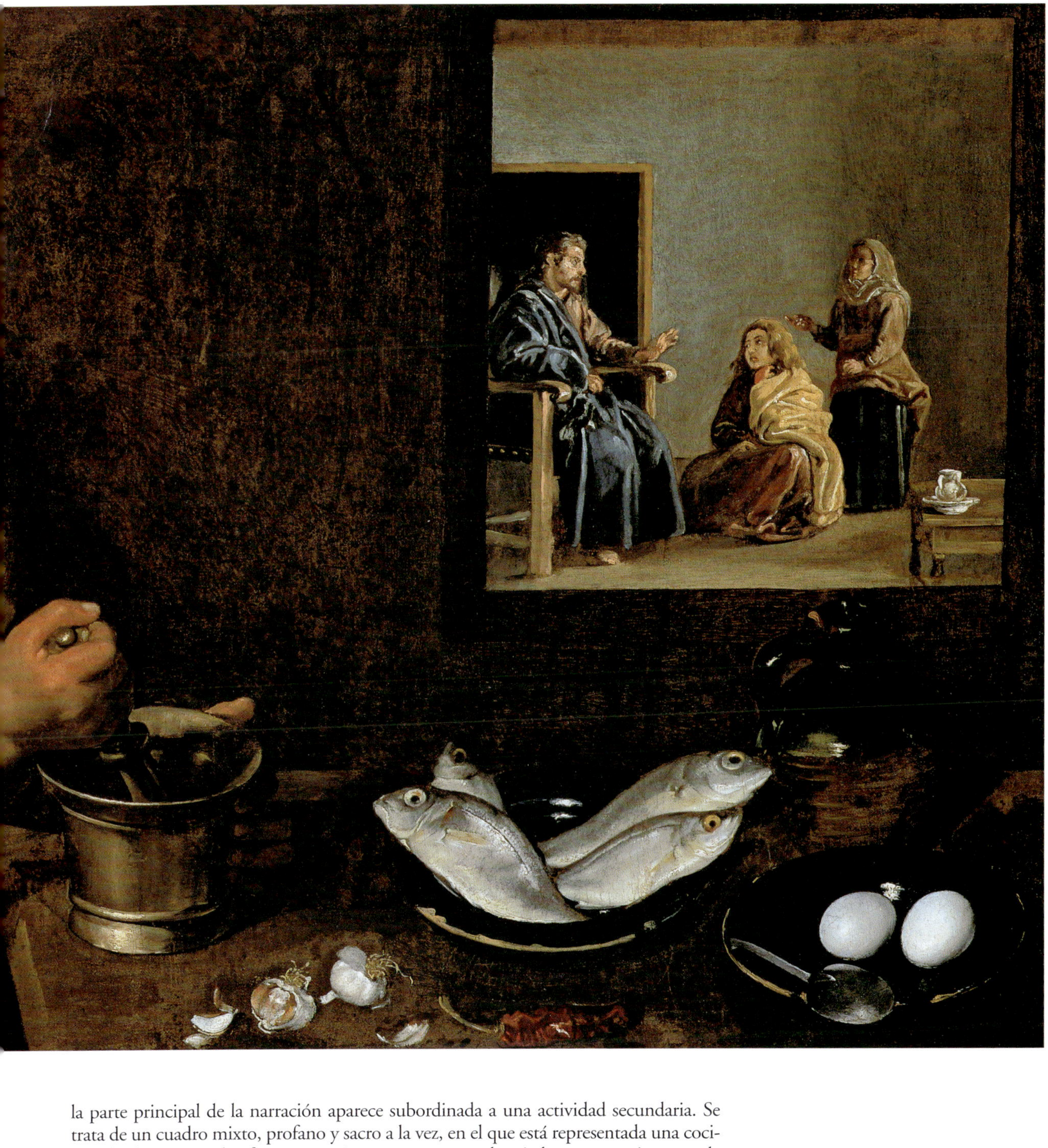

la parte principal de la narración aparece subordinada a una actividad secundaria. Se trata de un cuadro mixto, profano y sacro a la vez, en el que está representada una cocina o bodegón con dos figuras, una joven con aspecto de criada y otra anciana que le dice algo, junto a una mesa con ajos, pescados y huevos admirablemente pintados. Al fondo, otra escena con la misma anciana asistiendo a la predicación de Cristo a María,

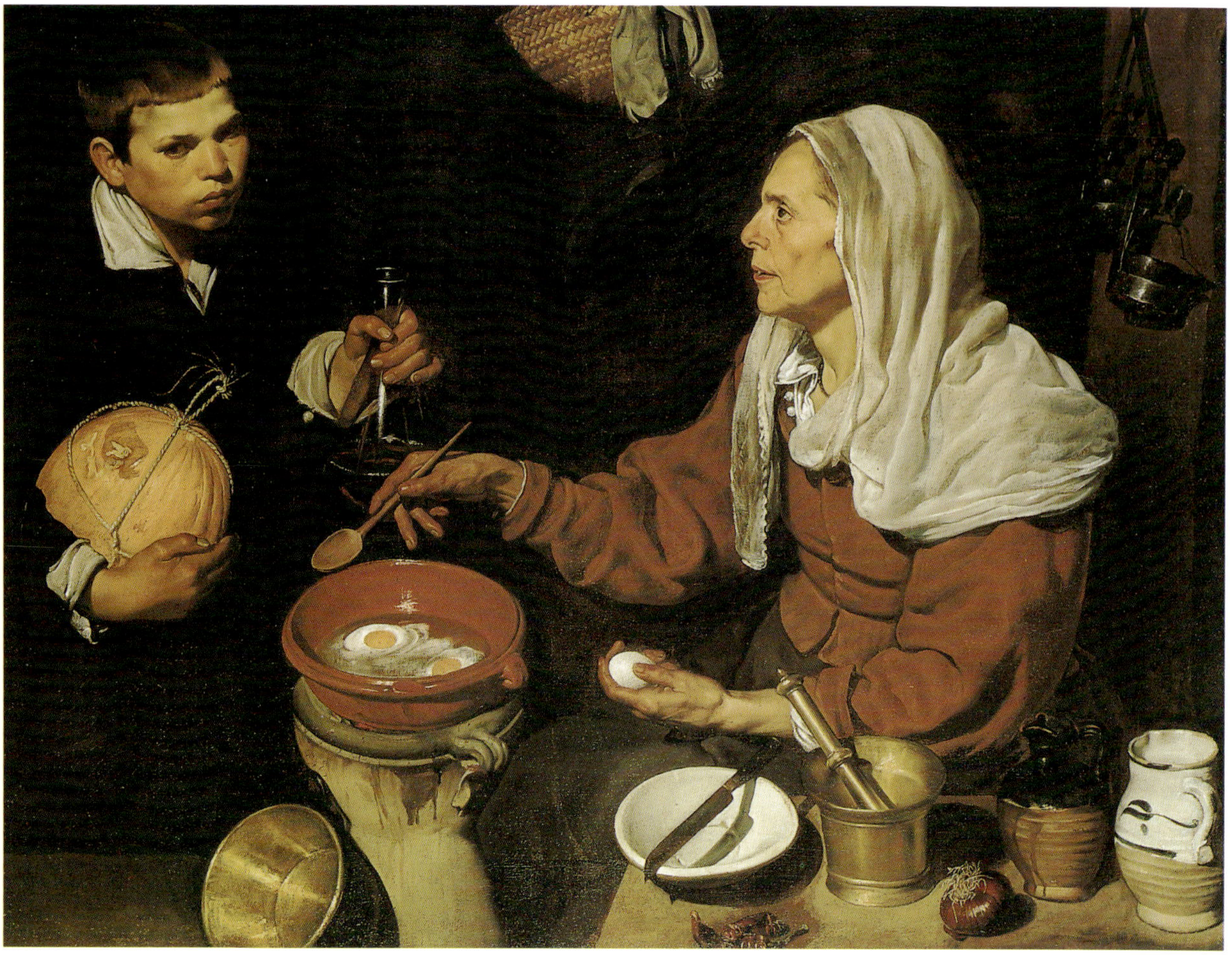

Vieja friendo huevos
1618, óleo sobre lienzo, 99 × 117 cm
Edimburgo: National Gallery of Scotland

Los tipos populares rodeados de objetos cotidianos fueron una constante del bodegón del siglo XVII. No obstante, la cuidadosa atención por los detalles y la sensación de inmediatez que trasmiten la anciana y el muchacho convierten a esta obra en algo excepcional.

visible a través de una ventana en cuya parte inferior las líneas de perspectiva crean la impresión de que se trata de un alféizar de cierta profundidad, permite identificar el asunto sagrado: la vieja comadre sirve, como en la literatura de la época, de nexo entre los dos actos. Tras ver a María inmóvil, ajena a las tareas de la casa, va a acusarla a la activa Marta. Al igual que en las pinturas de género, se observa el exquisito cuidado que puso el pintor en evocar y contrastar los colores y texturas de los objetos.

La obra *La cena en Emaús* o *La mulata* es una imagen comparable a la anterior, aunque dotada de menos fuerza compositiva.

Pero el cuadro más importante es la *Vieja friendo huevos*, asunto nuevo en el arte español que, además, presenta un notable cambio en la técnica, ya que a base de una luz fuerte e intensa infunde vida a toda una gama de superficies y texturas. Los jarros cerámicos, que absorben parcialmente la luz, contrastan con los objetos metálicos, que la reflejan. Con la excusa de mostrar el proceso culinario de la fritura de huevos, Velázquez se planteó a sí mismo el difícil problema de representar la mezcla de la blanca albúmina con el líquido, resolviéndolo de forma espléndida.

Intenciones parecidas pueden apreciarse en un par de obras que pueden catalogarse de género. En una de ellas, Velázquez agrupa *Tres músicos* en torno a una pequeña mesa en la que hay pan, vino y queso y en la que las inseguridades propias de una

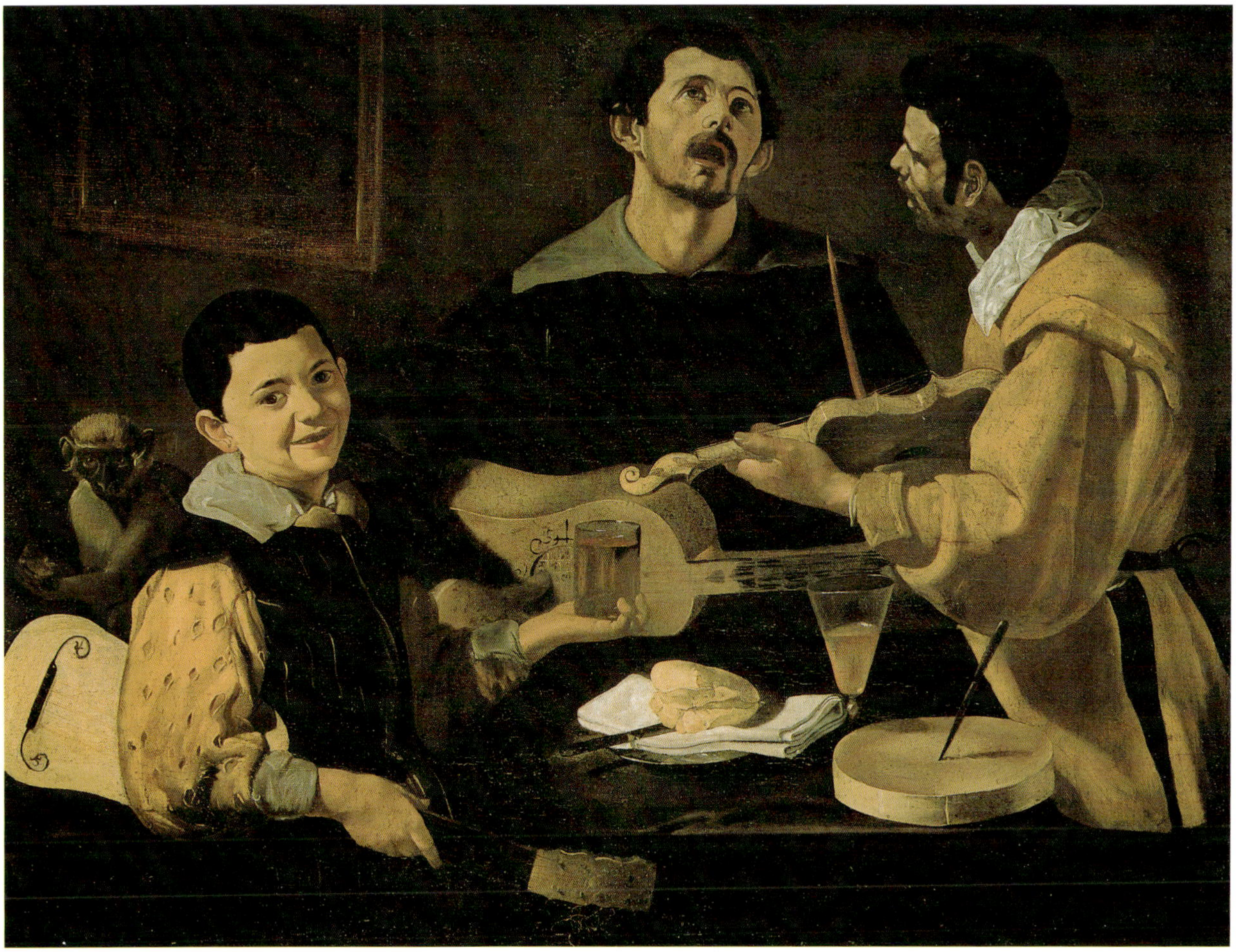

Tres músicos
1617-1618, óleo sobre lienzo, 87 × 110 cm
Berlín: Staatliche Museen Preussischer Kulturbesitz, Gemäldegalerie

Como resultado de una obra de juventud, los personajes aparecen como aprisionados en el limitado espacio que se les asigna. Pese a ello, el cierto aire dinámico otorgado a la escena ayuda a contrarrestar su agrupación con forzada naturalidad alrededor de la mesa.

etapa inicial pueden observarse en los repintes existentes bajo el ancho cuello de la figura central, práctica habitual en Velázquez, quien se acostumbró a improvisar y revisar a medida que trabajaba, en vez de planificar la composición antes de empezar la ejecución. Por la izquierda, irrumpe en el espacio del cuadro un potente rayo de luz que ilumina las cabezas y las manos de las figuras, así como el vino y los alimentos. En la otra realización, titulada *Aguador de Sevilla* y considerada la obra maestra de la etapa sevillana, Velázquez retrató al parecer a un corso que se dedicaba a dicho oficio, pero, al mismo tiempo, pudo representar la alegoría de la sed, del gusto e incluso de las tres edades del hombre. El aguador, mientras sujeta el asa del cántaro grande, ofrece con la diestra una elegante copa de cristal fino, llena de agua transparente. Un niño, con la cabeza algo inclinada, se apresta a recoger la copa y, entre ambos personajes, aparece el rostro de un mozo de más edad, pero más vulgar, que bebe ansiosamente de una jarra de vidrio soplado. El efecto casi fotográfico de este óleo es el resultado de una composición tan cuidada como sabia, en la que el cántaro grande, del que caen gotas de agua, rompe el espacio ficticio para invadir el espacio del observador por su posición y perspectiva. El pintor llevó el cuadro a Madrid en 1623 y se lo regaló a Juan de Fonseca y Figueroa, personaje al que había conocido en Sevilla y que le ayudaría más adelante a hacerse con una posición en la corte.

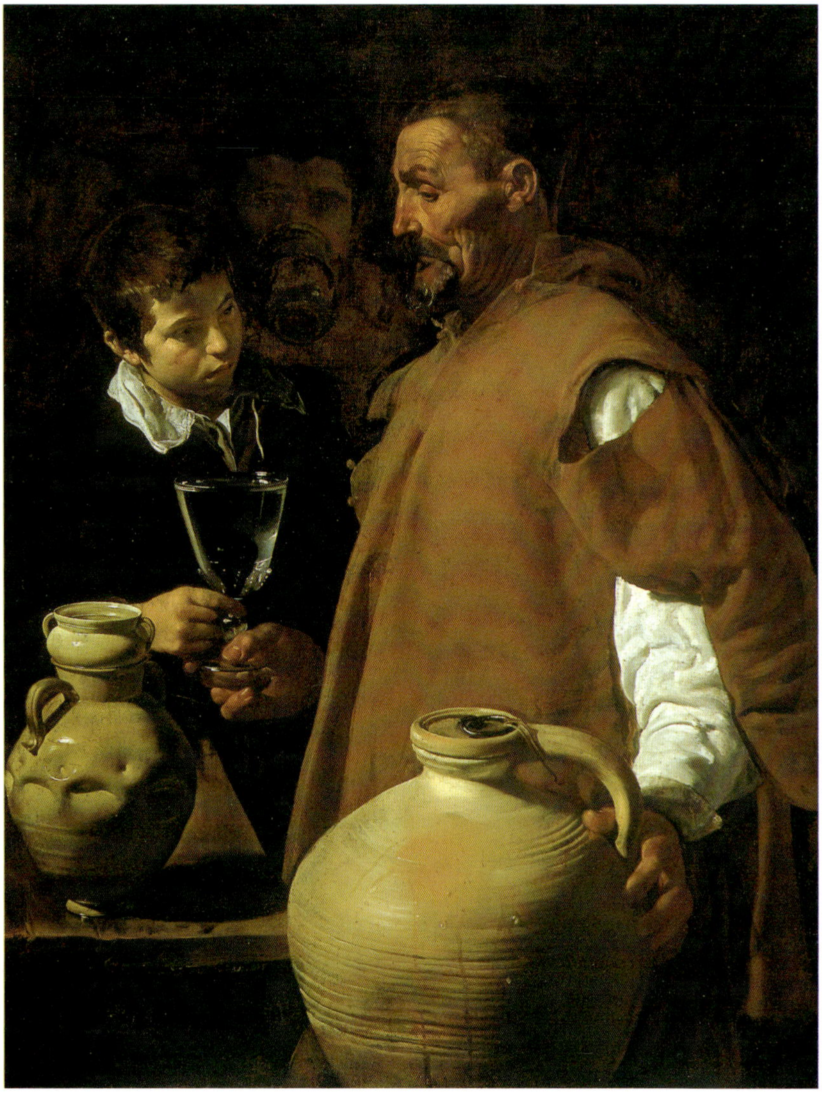

Aguador de Sevilla
h. 1620-1622, óleo sobre lienzo, 106,5 × 82 cm
Londres: Wellington Museum

Considerada como una obra que le ayudó a consolidar la reputación de la que gozaba en su ciudad natal, en ella demostró Velázquez su preocupación por la disposición ordenada de la composición al incluir tanto las figuras como los objetos dentro de una pronunciada parábola.

Las fuentes de inspiración formal y temática de estos cuadros de Velázquez han sido motivo de análisis y estudio por su escasa relación con las normas artísticas vigentes en Sevilla en aquella época. Sin embargo, la originalidad de este tipo de pintura en la capital hispalense indica quizá la hipótesis de que el joven artista tuvo acceso a obras de arte procedentes de otras partes de España e incluso de Europa. Ya se ha señalado la incidencia que pudo tener el conocimiento del arte de Caravaggio, pero, a pesar del uso común de efectos de luz de carácter dramático, es bastante improbable que Velázquez viera alguna obra del artista italiano. Más objetiva es la relación con la obra del pintor sevillano de las escenas de género y las pinturas religiosas de ciertos artistas flamencos de mediados del siglo XVI, como Pieter Aertsen y Joachim Beuckelaer, fuente de inspiración de una gran cantidad de imitaciones y que adquirieron una notable popularidad en versiones grabadas. Obras flamencas de este tipo aparecieron a principios del siglo XVII en los inventa-

Aguador de Sevilla
Detalle

El magnífico detalle de la copa plena de agua que se apresta a coger el muchacho de manos de este improvisado aguador callejero, uno de los tipos más característicos de la época, y la parte superior de la tinaja indican la excepcional técnica del entonces joven maestro.

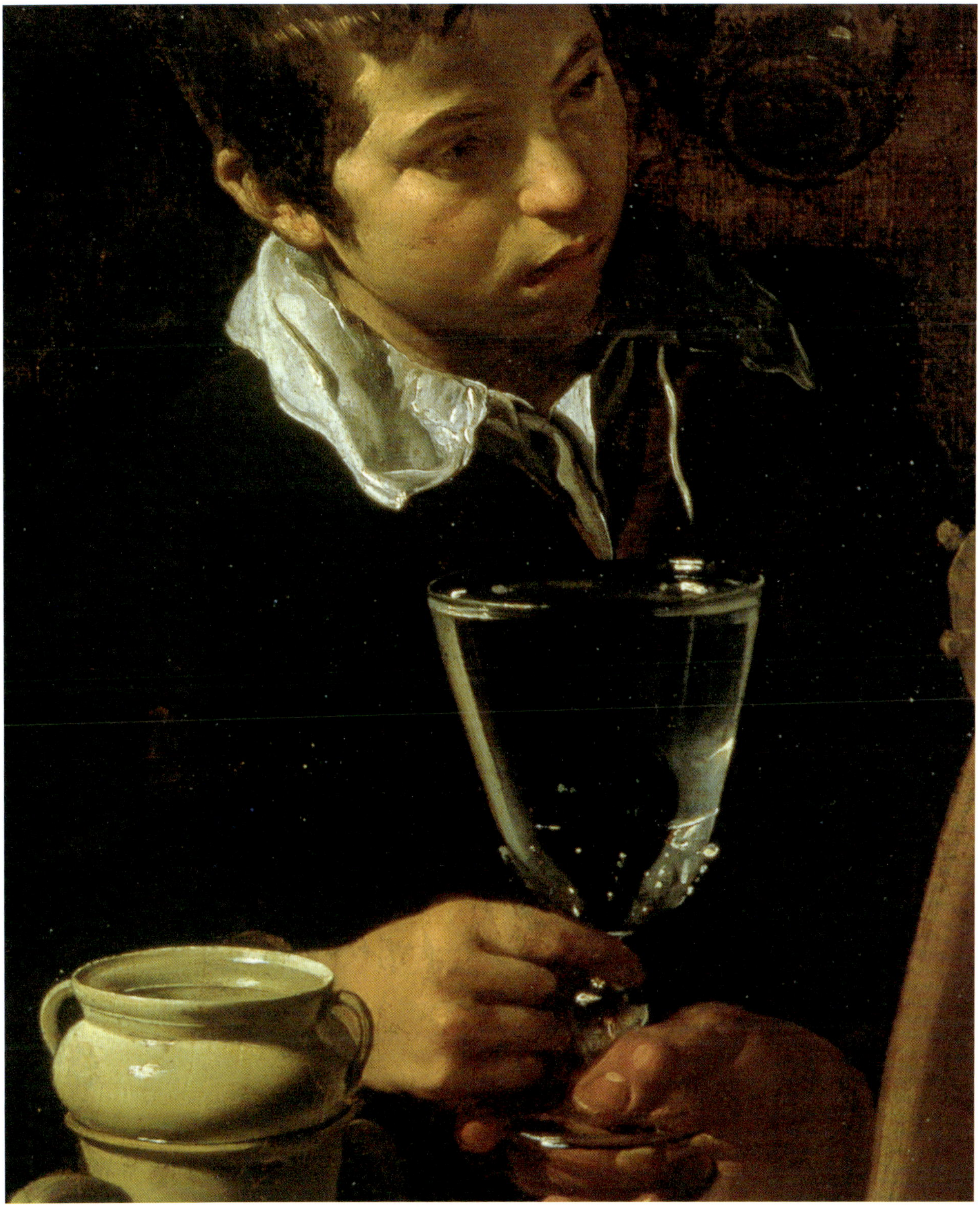

La adoración de los Magos
1619, óleo sobre lienzo, 204 × 126 cm
Madrid: Museo del Prado

Se trata de una de las escasas obras que el Museo del Prado posee de la etapa sevillana del artista. El realismo de los rostros obliga a pensar en una inspiración en modelos vivos, siendo además propios de esos años su interés por el claroscuro y la descripción fiel de los objetos y texturas.

rios de colecciones madrileñas, aunque Velázquez pudo haber visto cuadros y estampas de estos artistas en la misma Sevilla debido a la extensa colonia de comerciantes flamencos que vivía o transitaba en la ciudad.

Otra fuente de inspiración fueron los cuadros de los artistas del norte de Italia, en los que se utilizaban con fines moralizantes las escenas más socarronas de las clases bajas y que recibían el nombre de *pitture ridicole*. Los comentarios de Pacheco hacia este tipo de pintura sugieren que algunos ejemplos debieron de llegar a sus manos y, consecuentemente, también a las de Velázquez. De esta forma, las tempranas pinturas de género de Velázquez pueden ser el resultado de una creciente moda de la época de las escenas de la vida cotidiana, y cuyo estilo, cuanto menos fresco e innovador y lejos de todo lo conocido hasta entonces, convirtió en más importante su conocimiento y difusión al ser comparado con la temática artística de entonces. Para Velázquez significó todo un reto el intentar un planteamiento diferente en sus cuadros, y consiguió su objetivo rechazando de plano la simple imitación de la obra de otros artistas anteriores o contemporáneos. Sin embargo, de esta actitud se valió siempre, tanto en su etapa de formación como después, por cuanto analizó el arte que le rodeaba y en el momento de aplicar dicho estudio lo hizo siguiendo una interpretación personal.

Dentro de la producción artística de Velázquez, fue en los numerosos cuadros de carácter religioso donde plasmó su singular concepto de la fe cristiana, completamente diferente al reflejado en los lienzos de su coetáneo Francisco de Zurbarán. La expresividad propiciatoria de la devoción, tan del gusto de la época y del lugar, no tuvo sitio en sus cuadros, plenos de un acentuado realismo, en los que no se contemplaba la idealización. La serie se inicia con la *Epifanía* o *La Adoración de los Magos*, cuadro de compromiso y también el de mayor tamaño y complejidad de esta etapa que, casi con seguridad, le fue encargado por los jesuitas para una capilla del noviciado de San Luis. Teniendo en cuenta los estrechos contactos de Pacheco con miembros de la Sociedad de Jesús, es posible que interviniera de alguna forma para que su yerno obtuviera el encargo. Como otros cuadros de los años iniciales, es la demostración perfecta de las virtudes y los defectos del Velázquez de juventud por la apretada disposición de los personajes, donde son prácticamente inexistentes los espacios que deberían figurar entre las macizas figuras, pero sobresaliendo por la sensibilidad, la perfección del dibujo y la solidez y monumentalidad de las formas. Asimismo, se ha de subrayar la libertad con que aplicó la luz, como de costumbre procedente de un foco lateral situado a la izquierda.

Figuras pertenecientes a sendos apostolados fueron probablemente las de *Santo Tomás* y de *San Pablo*, representado el primero como una figura humana llena de vigor e iluminada por una luz potente que subraya la estructura del rostro y la textura curtida de la piel; y el segundo, con su notable cabeza y barba, evoca de nuevo una demostración del precoz dominio del retrato que ya poseía el pintor. Destacan en ambos la flexibilidad y la solemnidad de sus mantos, cuyos amplios pliegues se recortan sobre un oscuro fondo y constituyen un perfecto reflejo de la estructura anatómica de los representados.

La diferencia entre un *San Juan Bautista* y un *San Juan Evangelista en Patmos* es de gran interés. En el primero centró una gran atención en el paisaje y realizó una suave plasmación de desnudo masculino, en tanto que el segundo, con un delicado plegado de la indumentaria, destaca sobre un fondo oscuro y neutro. No cabe duda de que Velázquez utilizó como modelo para este último a una persona de carne y hueso, además de expresar en su obra una traducción libre de una estampa flamenca del siglo XVI de Jan Sadeler, reestructurándola el artista en una disposición vertical que proyecta al modelo hacia delante e inundando la composición de una fuerte luz. Es probable que el cuadro formara pareja con la *Inmaculada Concepción*, realizada por esos mismos años, única interpretación que hizo Velázquez de este motivo y tan frecuente en el repertorio de los pintores andaluces de su época, como Zurbarán o Murillo.

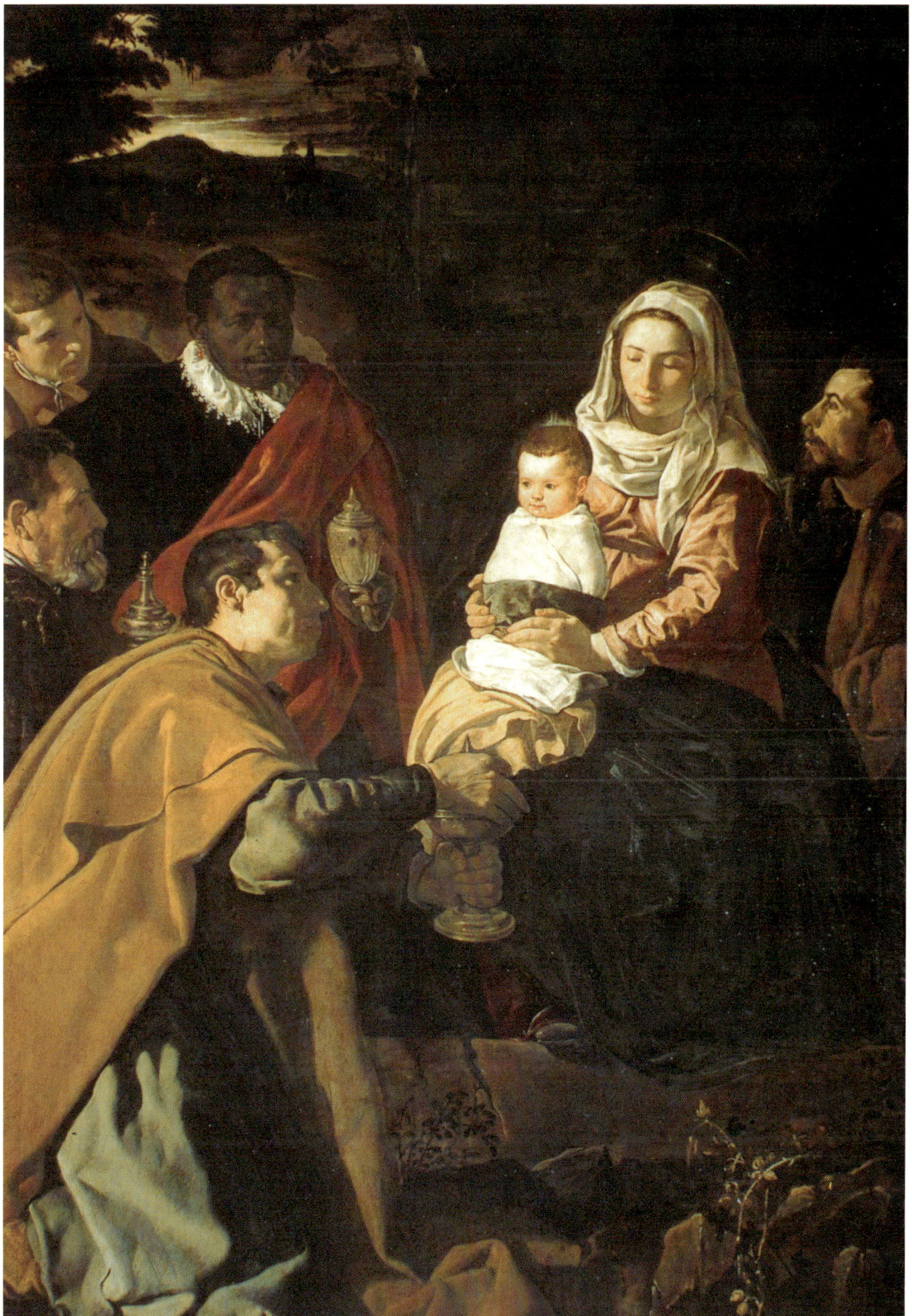

Santo Tomás
1618-1620, óleo sobre lienzo, 94 × 73 cm
Orléans: Musée des Beaux Arts

La ampulosidad del manto que protege el cuerpo de Santo Tomás permitió a Velázquez jugar con las diversas tonalidades que los pliegues iban formando en su libre caída, dotando así a la figura del apóstol de un cierto dinamismo compositivo, a pesar de la seriedad de su expresión.

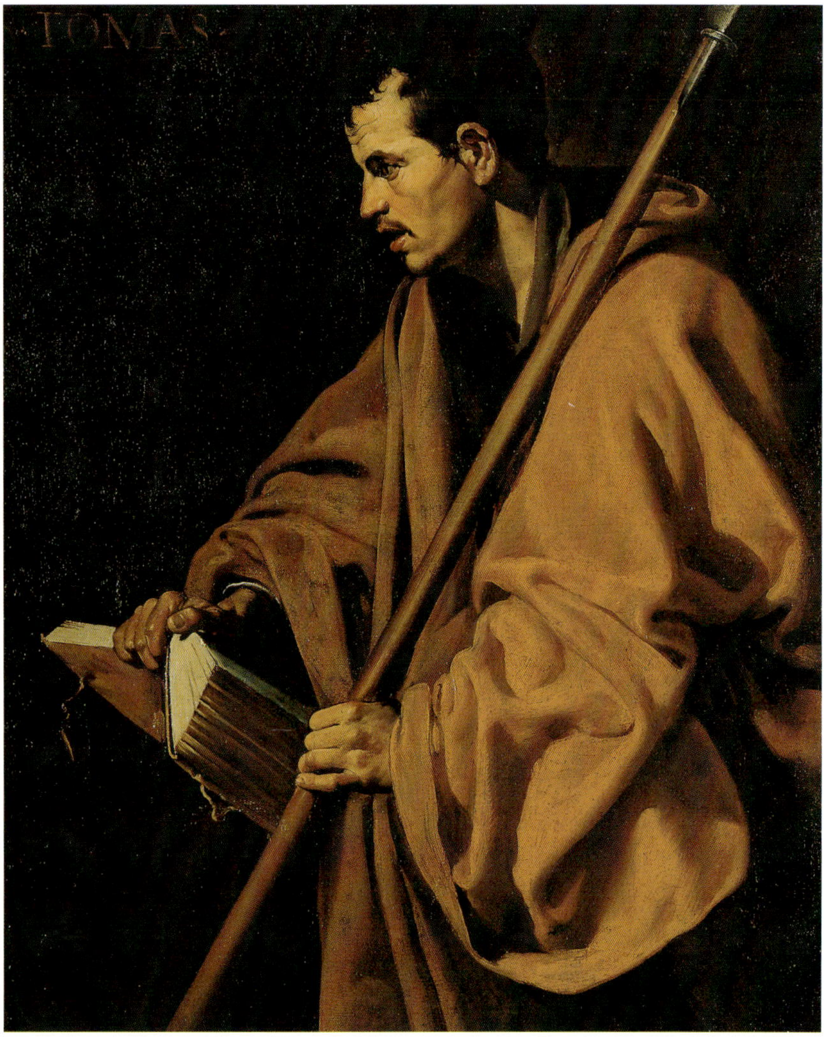

Aparte que los asuntos son compatibles y tradicionales, ambas obras fueron vistas juntas en la iglesia de los carmelitas descalzos, lo cual sugiere que fueron encargadas para dicho lugar. Contribuye a fortalecer tal suposición el hecho que fray Juan Félix Girón, miembro de la comunidad, era pariente del poeta Francisco de Rioja y amigo de Juan de Jáuregui, ambos muy vinculados a la academia de Pacheco, quien también realizó un cuadro del mismo tema más o menos por el mismo período. Sin embargo, frente a la correcta figura de su maestro, Velázquez pintó a la Virgen como si de una muchacha solemne se tratara y cuya túnica rosada la aleja de la sombría paleta utilizada por el artista durante aquellos años. La fuerte componente lumínica propia del tema aparece subrayada por la aureola dorada que la rodea, cubierta en parte por unas nubes blancas y opacas y recortada contra un cielo azul de medianoche.

Concluyen esta serie de pinturas religiosas dos cuadros con destacadas novedades en sus respectivas temáticas, tanto en el de *La cena en Emaús* como en el de la *Imposición de la casulla a san Ildefonso*. En el primero, aunque datado por algunos estudiosos como obra posterior a 1623, se percibe ya una cierta alusión a la pintu-

Inmaculada Concepción
h. 1619, óleo sobre lienzo,
134,6 × 101,6 cm
Londres: National Gallery

Cuadro demostrativo de lo bien que adaptó su talento a las exigencias estrictas del arte religioso español, codificado por su suegro Pacheco en el Arte de la Pintura. *A pesar de que la composición debía atenerse a unas pautas convencionales, Velázquez se permitió en ella algunas libertades de gran inspiración artística.*

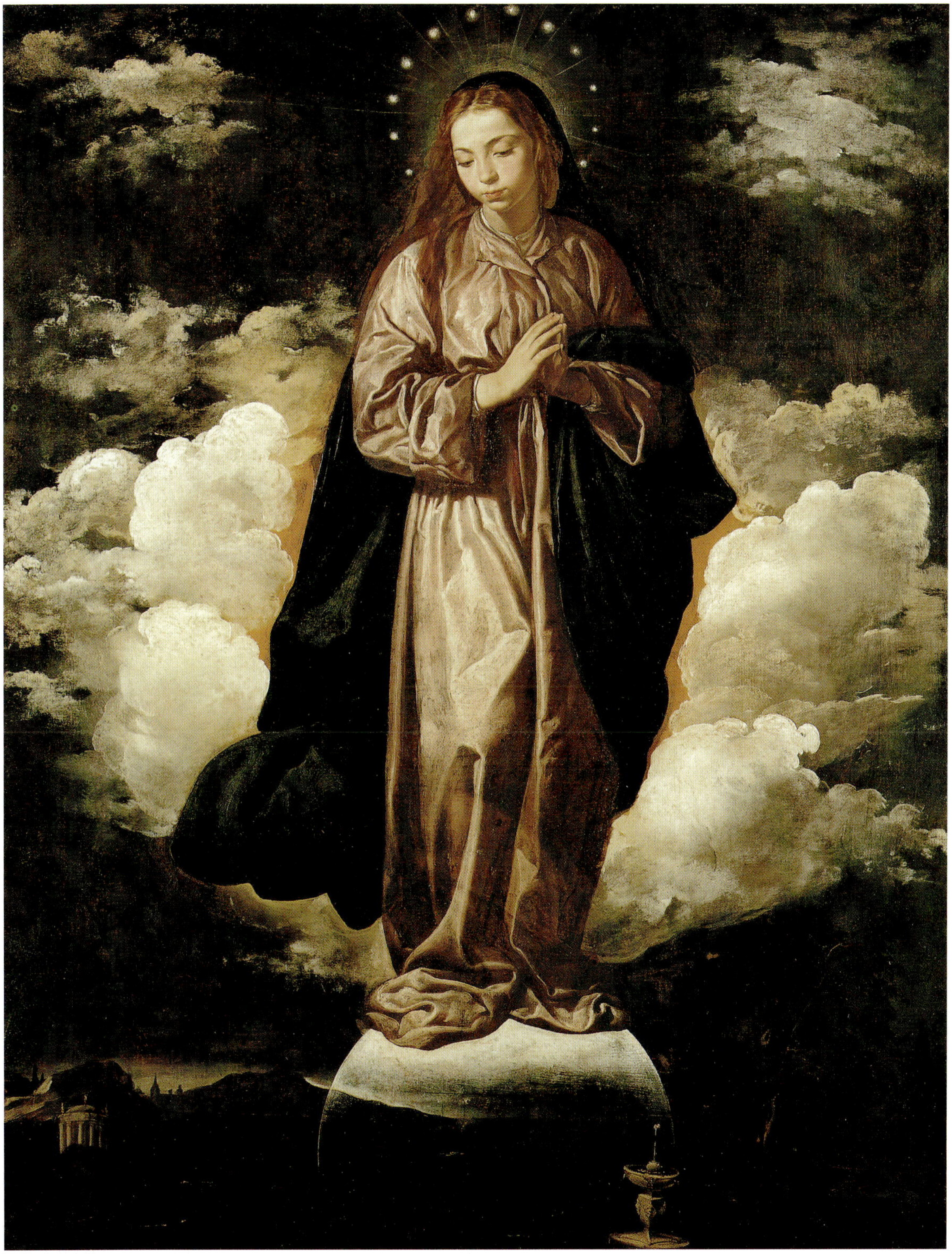

ra italiana en la gesticulación de los personajes, formas que Velázquez pudo estudiar en las obras de Tiziano y en los cuadros llegados a Madrid, en la década de 1620, de Domenico Zampieri (llamado «Il Domenichino»), Guido Reni y Artemisia Gentileschi, al igual que algunos de Peter Paul Rubens. La representación y el contraste entre los personajes invitan a sugerir una ampliación de las miras artísticas de Velázquez, quizá también debidas a lo que el pintor pudo observar en Madrid durante su breve estancia a mediados de 1622, en especial a la hora de introducir novedades en unos modelos iconográficos sumamente tratados tanto por Caravaggio como sus seguidores. Lo mismo podría decirse del segundo, con la representación de San Ildefonso, arzobispo de Toledo en el siglo VII, quien como recompensa por su defensa de la pureza de la Virgen María recibió su milagrosa visita, acompañada de sus celestiales ayudantes, y le impuso una espléndida casulla. La versión velazqueña de este milagro fue la plasmación de una composición monumental a partir de tipos humanos de corte realista en el que San Ildefonso aparece arrodillado con reverencia ante la Virgen. Resalta en el cuadro la división del espacio que crea la disposición del rígido manto o la propia complejidad compositiva.

Los primeros retratos

Algunos retratos que cierran esta etapa se podrían presentar tanto como el brillante epígono de su trabajo en Sevilla como el de un espléndido marco introductorio de lo había aún de realizar, en especial durante su estancia en la corte, en unos años no muy lejanos. Uno de ellos es el realizado a título póstumo del sacerdote *Cristóbal Suárez de Ribera*, quien contribuyó a la construcción de un nuevo lugar de culto consagrado en honor de san Hermenegildo, de quien era devoto. Del mismo período son las dos versiones de *La venerable madre Jerónima de la Fuente*, similares en casi todo, aunque diferentes en la posición del crucifijo.

Otro retrato es el de un *Caballero de Malta*, con cuya calavera como símbolo alude a una ascética brevedad de la vida. Realizó, además, un supuesto retrato de *Francisco Pacheco*, obra también titulada *Retrato de hombre con gola* e identificación generalmente no aceptada, a pesar de que es del todo sorprendente que no retratase a su suegro, a quien a fin de cuentas debía gran parte de su formación artística. En éste y en las diversas versiones del retrato del célebre poeta *Don Luis de Góngora y Argote*, Velázquez siguió una línea parecida. La cabeza del protagonista surge de la oscuridad, levemente clareada en el fondo y muy intensa en la indumentaria, según la moda española de aquella época. En este último, sólo el tono de los blancos del alzacuello y los ocres luminosos del rostro animan la sencilla gama. La historia de los motivos del lienzo de Góngora están recogidos en el tratado de Pacheco, quien explica que Velázquez estuvo en Madrid en 1622 y fue allí donde realizó este retrato a petición de su suegro, quien quería la figura de Góngora como modelo de una serie de famosos hombres de letras en las que estaba trabajando entonces. Velázquez captó en su obra la amargura que llevaba en su corazón el insigne, aunque aislado, poeta, quien en aquel momento llevaba ya casi 10 años en Madrid intentando infructuosamente granjearse la estima de los miembros más influyentes de la corte, a quienes necesitaba pese al desprecio que les tenía.

En este breve repaso a la carrera sevillana del joven Velázquez, resultan obvios los planteamientos artísticos e ideológicos de la pintura que en aquellos años iniciales realizaba el artista, quien se reveló desde el principio como un pintor alejado por conceptos y estilo a los de su generación. En relación a su técnica pictórica y la cuestión de la utilización del color, el artista empezaba por imprimar el lienzo con una base de color rojo oscuro o pardo, dotando a los cuadros de la tonalidad oscura que los caracteriza. Utilizaba luego colores sombríos como el castaño rojizo, el beige bronce, el castaño grisáceo y el negro, animados por toques blancos.

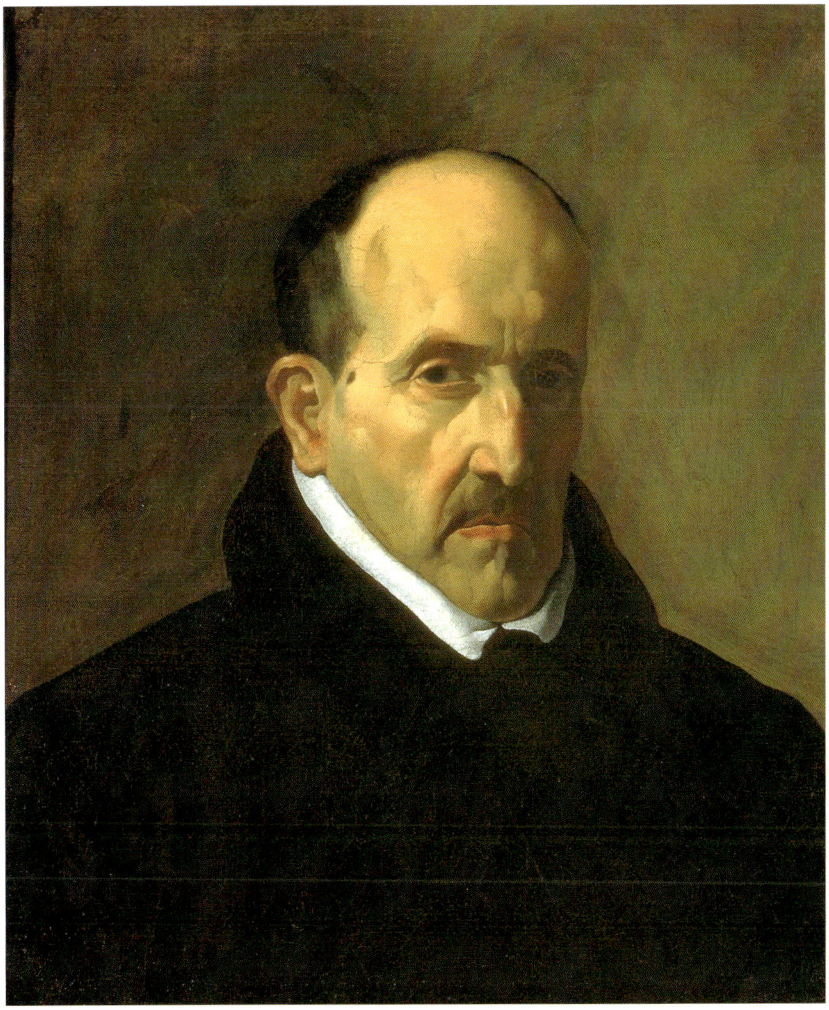

Don Luis de Góngora y Argote
1622, óleo sobre lienzo, 51 × 41 cm
Boston: Museum of Fine Arts

Este retrato de uno de los literatos más insignes del momento expresa un sutil y vigoroso estudio psicológico de un hombre cáustico y de fuerte personalidad, con profundos surcos en el rostro y unos ojos tan negros y penetrantes que apenas pueden distinguirse las pupilas.

Prefería al parecer la pintura al óleo espesa, que exigía el uso de un pincel relativamente rígido. Por otra parte, el toque ligero y delicado de los objetos inanimados y el estudiado cuidado en la plasmación de los toques de luz allí donde exactamente debían estar, revelan su gran sensibilidad hacia la pintura.

En el tratamiento de las cabezas y los rostros, Velázquez aplicaba leves toques de luz a base de una pintura mucho más densa, técnica pictórica aprendida de Pacheco y descrita en su tratado. Sin embargo, en cuanto al estilo, Velázquez eligió un camino propio y personal en el que fueron sumamente útiles los consejos técnicos de su maestro, pero que él interpretó de forma personal, dando lugar así a una forma de pintar diferente ya desde su comienzo a las existentes en España. Con tan prometedores inicios, pronto se dio cuenta Velázquez de que todo cuanto había de hacer era ofrecer y explotar sus dotes en un momento preciso y en el ambiente adecuado. Para ello, la ciudad de Sevilla se le había quedado pequeña y sólo la corte de Madrid podía brindarle en aquellos momentos nuevas expectativas, mayor prestigio y, consecuentemente, más dinero. Y hacia la capital de España encaminó sus pasos, ya dueño, aunque sin saberlo, de un espléndido futuro.

El pintor del rey

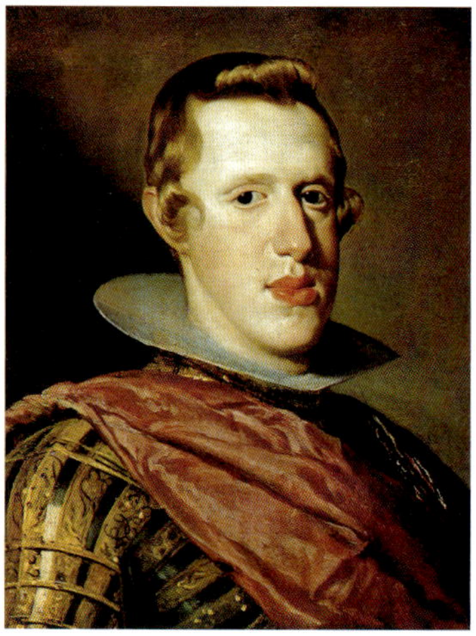

Felipe IV
h. 1628, óleo sobre lienzo, 57 × 44 cm
Madrid: Museo del Prado

Un detallado estudio de este cuadro ha permitido constatar hasta qué punto la vida de muchos cuadros en el siglo XVII, *y especialmente cuando se trataba de retratos reales, estaba sujeta a numerosas posibilidades de intervención, incluso en épocas distintas.*

Con la proclamación de Felipe IV en 1621, el nuevo rey no destacó jamás en las tareas de gobierno, circunstancia de la que supo aprovecharse Gaspar de Guzmán, conde duque de Olivares, a quien el monarca convirtió en su valido. Velázquez, quien, como ya se ha indicado, residió durante un breve período en la capital de España en 1622, se trasladó a ella definitivamente un año después. Pero el Madrid de los Austria con el que se encontró en esos momentos el pintor sevillano no tenía ni punto de comparación con la monumentalidad de su ciudad natal. Desde mediados del siglo XVI y exceptuando el paréntesis del traslado de la corte a Valladolid (1601-1606) bajo el reinado de Felipe III, Madrid siempre se había caracterizado por ser sede permanente de la corona, pero este privilegio no llevó consigo un parejo y notable plan urbanístico. Bien al contrario, la ciudad iniciaba por aquellos años del siglo XVII una lenta transformación que acabaría por convertirla en una auténtica capital europea. En contrapartida, el nuevo lugar de residencia ofrecía a Velázquez unas posibilidades profesionales indudablemente mejores; el pintor rápidamente se percató de cuán poderosos podían llegar a ser los círculos que giraban en torno al monarca y hacia ellos se dirigió.

La corte de los Austria estaba formada básicamente por dos grupos: el del servicio del gobierno y el del servicio de la casa real, que es el que aquí interesa. El rey y la reina poseían casas separadas, que estaban organizadas a base de estructuras paralelas, y, en el seno de la jerarquía interna, los tres oficiales más importantes eran el mayordomo mayor, el camarero mayor y el caballerizo mayor. Cada uno tenía sus propias responsabilidades y gozaba de sus propios privilegios, disponiendo de un ejército de ayudantes y criados para desempeñar los trabajos pertinentes al oficio. Una rama del servicio real, con estructura independiente de la casa, era la Junta de Obras y Bosques, administradora de las propiedades de la corona, incluidos el palacio, las casas de campo y los bosques y reservas. El brazo ejecutivo de la Junta estaba presidido por el maestro mayor, nombramiento que representaba el colofón de la profesión de arquitecto, quien dirigía las actividades relacionadas con el mantenimiento y remodelación de las propiedades de la corona. La Junta de Obras tenía también autoridad sobre los pintores reales, aunque durante el reinado de Felipe IV fueron nombrados por el propio monarca. La condición de pintor real representaba un título de prestigio entre los compañeros de profesión, pero dentro de la corte no disfrutaban de un rango ni trato especial. En su conjunto, el esquema de la complicada organización de la casa era un ejemplo de perfección y simetría burocráticas. Tras ella había un respetable documento regulador, la denominada etiqueta o protocolo de la corte, en el que se describían con gran detalle las obligaciones y remuneraciones de todos los oficiales. Y así, aunque en la teoría todo debía funcionar como una balsa de aceite, en la práctica existían los innumerables problemas y rencillas que en todo grupo humano salen a la luz, especialmente porque la delimitación de algunos cargos estaba trazada según una línea imaginaria y

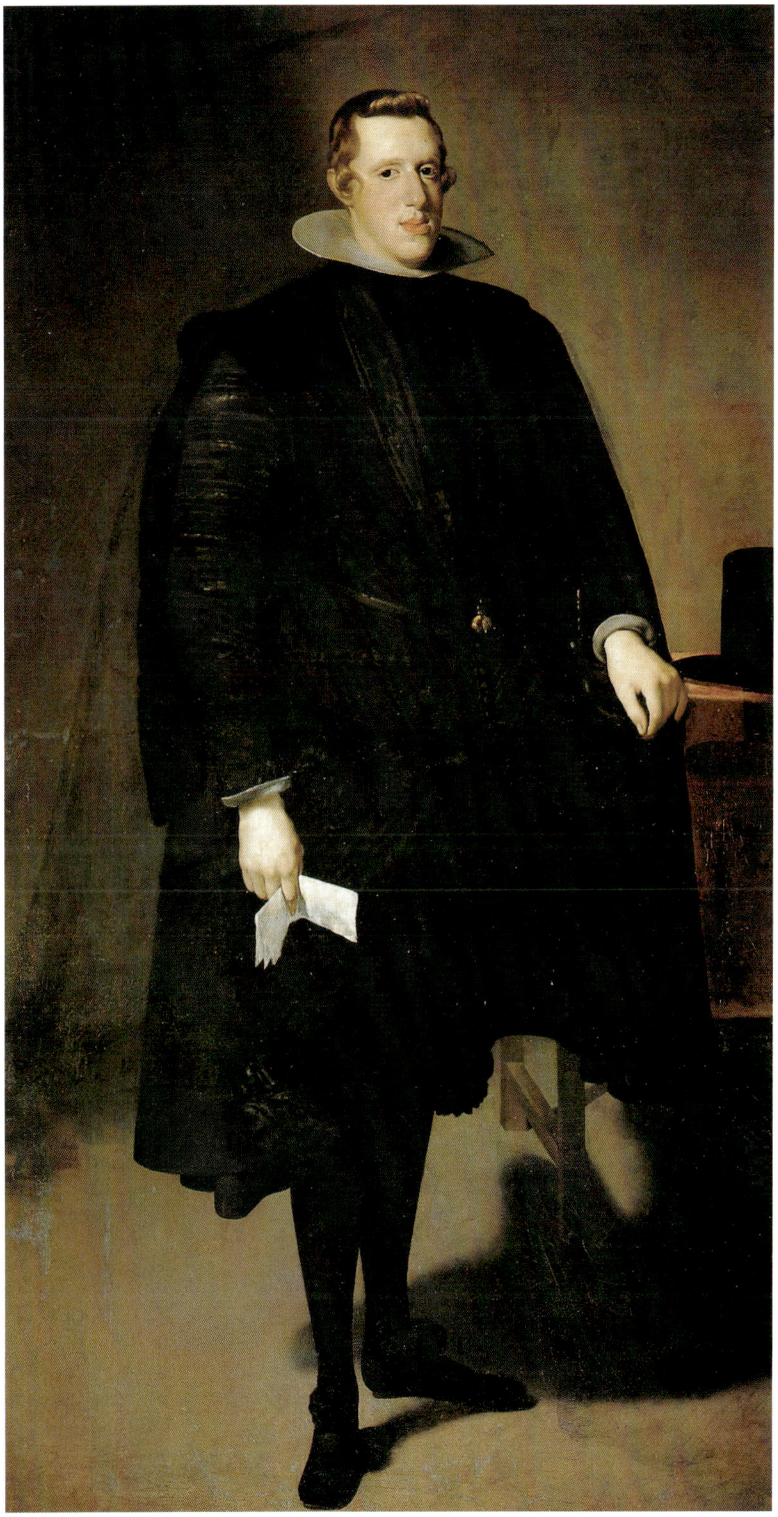

Felipe IV
1623, óleo sobre lienzo, 198 × 102 cm
Madrid: Museo del Prado

Con su sutil perspicacia y su gran habilidad, Velázquez convirtió la gravedad, la distancia, la impasibilidad, la típica fisonomía y las alusiones a sus responsabilidades como gobernante en las características más encomiables de la imagen que construyó del rey.

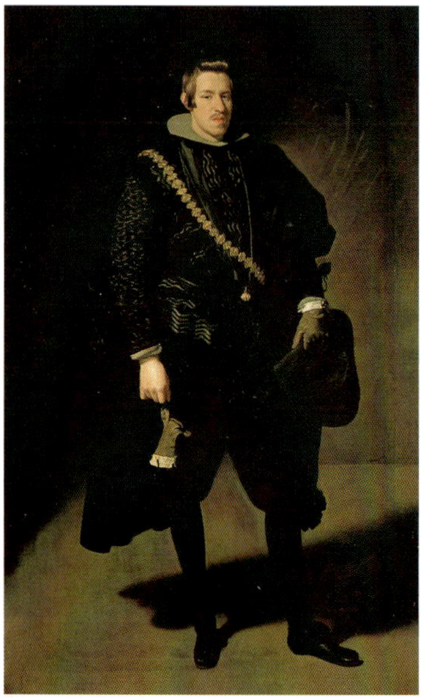

El infante Don Carlos
1626, óleo sobre lienzo, 209 × 125 cm
Madrid: Museo del Prado

Unos pocos medios pictóricos y el distanciamiento de alardes y estridencias superfluas le bastaron al artista para obtener una gran elegancia del retratado, situando la sobria figura del infante en un espacio neutro modulado únicamente por las gradaciones de los grises.

porque las ansias de ascenso a posiciones mejores resultaban inevitables. Sin embargo, uno de los problemas que más contribuyó a deteriorar la posible armonía de cuantos trabajaban para la corte fue la crónica penuria de las arcas reales, especialmente palpable durante el reinado de Felipe IV, puesto que nunca había dinero suficiente para atender a todos, y los atrasos en la percepción de los salarios no eran para nadie una novedad.

Desde su infancia, Felipe IV había mostrado interés por el teatro, la música y la pintura, disciplina esta última en la que recibió lecciones de la mano de un excelente artista, fray Juan Bautista Maino, quien había estudiado en Roma a Caravaggio y Annibale Carracci. El monarca había crecido, además, entre las magníficas obras que tanto su abuelo Felipe II como su bisabuelo Carlos V habían reunido en una amplia colección distribuida entre El Escorial, el Alcázar de Madrid y el palacio del Pardo, sin olvidar el legado existente ya desde tiempos de los Reyes Católicos. En la primera visita de Velázquez a la ciudad en 1622, eran seis los pintores del rey, todos ellos caracterizados por un tipo de pintura modesta y conservadora. Por ello, las perspectivas para un artista más bien innovador eran espléndidas, pese a que en aquel momento no consiguió el encargo de retratar a los reyes y regresó a Sevilla. Sin embargo, poco después llegó la oportunidad de darse a conocer a Felipe IV cuando, a finales de aquel mismo año, falleció Rodrigo de Villandrando, quinto pintor del rey, con lo que se producía una vacante. Según la versión de Pacheco, Juan de Fonseca, a quien se ha hecho ya referencia como clérigo de noble cuna vinculado a su academia sevillana, hizo regresar a Velázquez a Madrid siguiendo instrucciones del conde duque de Olivares, dado que el valido siempre había aprovechado sus relaciones con Sevilla para suplir las vacantes de literatos y artistas en la corte y a quien había llamado la atención el joven pintor sevillano durante su estancia en la ciudad. Era entonces agosto de 1623 y, con el tiempo, otros artistas como Francisco de Zurbarán, Alonso Cano y el escultor Juan Martínez Montañés se vieron favorecidos por el interés hacia ellos del conde duque.

Apenas llegado Velázquez a Madrid, se le encargó, según un plan meticulosamente trazado, el retrato de su mentor Juan de Fonseca, en la actualidad perdido, que llevó a palacio Gaspar de Bracamonte, quinto hijo del conde de Peñaranda y miembro de la casa del hermano del rey, el cardenal infante Fernando. En menos de una hora, Felipe IV y sus hermanos alababan el cuadro, y Velázquez recibió entonces la petición de realizar un retrato del rey, cosa que no pudo llevar a cabo hasta finales de agosto. El motivo de esta demora fue la visita del príncipe de Gales y su acompañante el duque de Buckingham, quienes habían atravesado Francia de incógnito y se habían presentado en Madrid, sin previo anuncio, el día 7 de marzo, a fin de acordar el matrimonio del príncipe con la infanta María, hermana del rey. Sin embargo, la espera se saldó posteriormente con éxito, a tenor del resultado del cuadro, consiguiendo con ello el ansiado puesto en la corte. Fue nombrado pintor del rey el día 6 de octubre, con un salario de 20 ducados mensuales a cargo del presupuesto de las obras reales, y se le concedió también el privilegio de cobrar aparte por las pinturas realizadas por encargo. Según Pacheco, se le otorgó también el derecho exclusivo de los retratos de Felipe IV, gesto que, sin embargo, tiene una importante lectura. Si Tiziano había sido para Carlos V el más destacado intérprete de su persona, y Antonio Moro o Alonso Sánchez Coello lo fueron para Felipe II, es comprensible que el rey quisiera igualar, o superar, el legado artístico de su imagen para la posteridad, como dueño y señor de la monarquía española de los Austria. De ahí su interés por contentar a Velázquez con los mejores complementos económicos y honoríficos con que podía satisfacerle, habida cuenta de los limitados recursos de la época, además de poner a su disposición el estudio de las colecciones reales. Con el tiempo, Velázquez ejerció sucesivamente de ujier o ayuda de cámara, ayuda de guardarropa y veedor de obras, hasta llegar a aposentador mayor

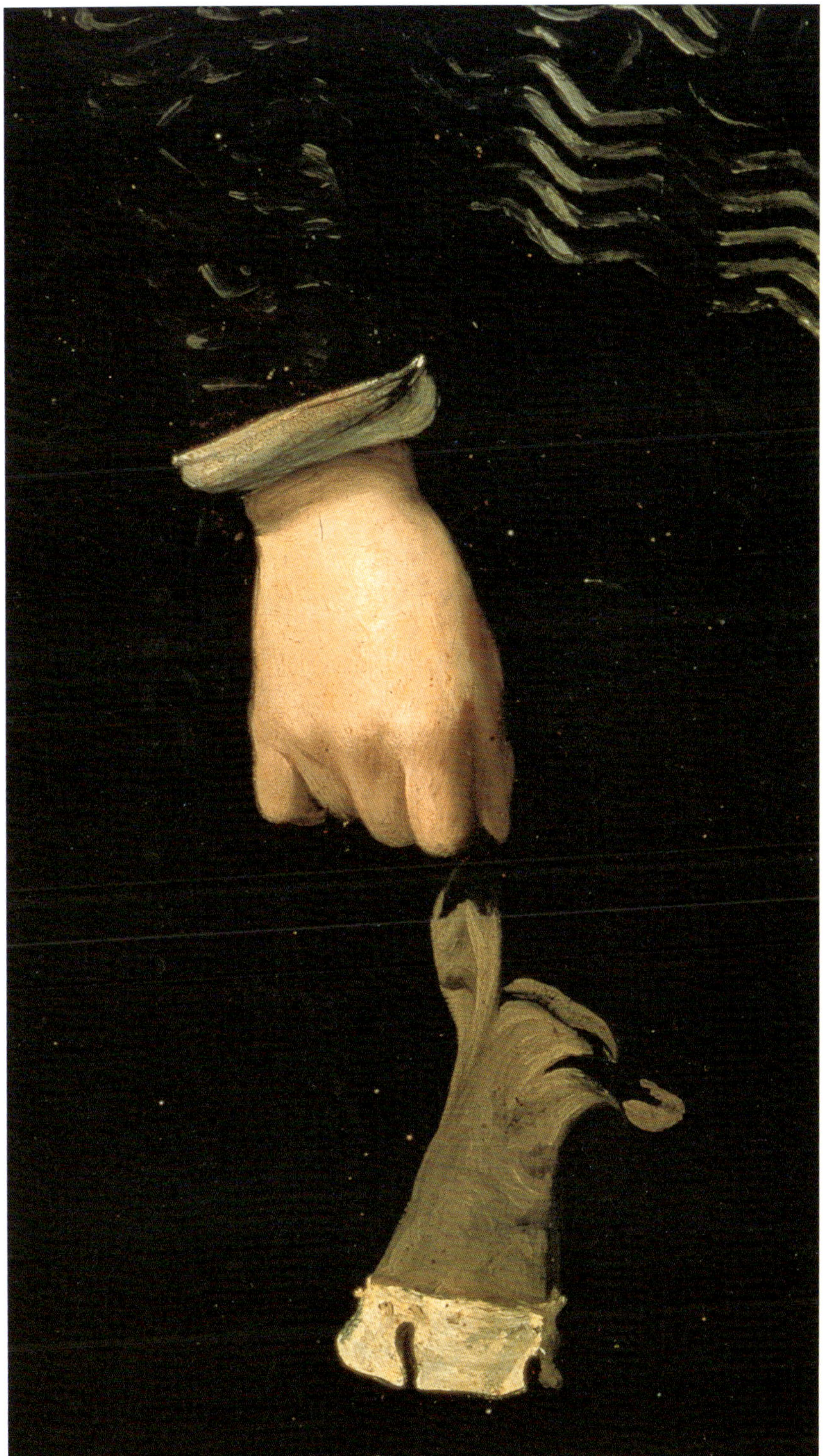

El infante Don Carlos
Detalle

Velázquez jugó en su composición con detalles aparentemente insignificantes, pero que otorgaron al retrato una distinción sin par, como la mano izquierda que sostiene el amplio sombrero o, sobre todo, la sutileza con que la mano derecha sujeta un prodigioso guante.

de palacio, cargo importante y pleno de responsabilidad que, en contrapartida, le absorbería casi todo el tiempo y le privaría de ejercer con mayor dedicación de horas su verdadero oficio.

Hasta agosto de 1629, fecha del primer viaje de Velázquez a Italia, parece ser que como pintor sólo tenía obligación de ocuparse de lo que correspondía a su arte en la corte o donde lo ordenase el rey, aunque se trata de un período algo lleno de incertidumbres en cuanto a obras y datación y simultaneado desde el 7 de marzo de 1627 con las funciones de ujier de cámara. Del conjunto total, sólo la mitad son retratos del rey o de sus familiares más cercanos, con la excepción de dos del conde duque de Olivares. En las versiones más clásicas de cuerpo entero de Felipe IV, el rey aparece de frente en una ambientación parecida y muy sencilla, con una amplia capa que ensancha su figura por ambos lados y a su izquierda una mesa con un sombrero. Se redujo la longitud de la cabeza suavizando la saliente mandíbula, que era el sello característico de los Austria españoles. La ausencia de cuadros, otros muebles, tapicerías o alfombras indica perfectamente la intención de Velázquez de centrar la atención del espectador en la figura del rey, siempre vestido de negro, en ademán de hacer gala de la moda española que desde los tiempos de Felipe II se extendió por Europa. Una cadena o una botonadura de oro, unas pinceladas más claras en las manos y el rostro, o algún pequeño detalle en la indumentaria, por ejemplo en los puños, son los pequeños alardes más llamativos a los que dio rienda suelta el artista.

Una disposición semejante fue seguida en el retrato de cuerpo entero y con traje negro del *Infante Carlos*, elección no gratuita debido a que los propios observadores de la época cuentan que el príncipe procuraba imitar en su aspecto a su hermano. En el cuadro, todo lo accesorio queda suprimido en favor de la elegancia cortesana con la que sostiene delicadamente un guante.

Autorretrato
o Retrato de un joven
1623, óleo sobre lienzo, 56 × 39 cm
Madrid: Museo del Prado

La pragmática de enero de 1623 sobre reforma de los trajes, que sirve para fechar el supuesto retrato de Pacheco, también es aplicable a éste, por cuanto el modelo, de pincelada prieta y modelado algo duro, viste el tipo de cuello que se haría habitual a partir de entonces.

En relación al conde duque de Olivares, el 4 de diciembre de 1624 Velázquez recibió la cantidad de 800 reales a cuenta de tres retratos en los que los modelos serían el rey, el propio conde duque y García Pérez de Araciel, cuya mujer, doña Antonia de Ipeñarrieta, era la benefactora. El retrato de Olivares es un curioso ejemplo de retratismo de corte, captado de frente, con una mano apoyada en la empuñadura de la espada y otra sobre la mesa en ademán de vanagloriarse de la importancia de su persona y con los atributos propios de los cargos honoríficos que ocupaba en la corte. En el segundo retrato del valido, realizado uno o dos años después, el cuerpo en ángulo del representado redujo su ostentoso volumen, dinamizando la composición la fusta de montar que Olivares sostiene en posición vertical para contrastar a la figura. En todos estos retratos, su singular tratamiento de la perspectiva, en el que el suelo parece inclinarse hasta formar un ángulo con el plano del cuadro a fin de producir el efecto de que la figura se encuentra algo elevada sobre la superficie del suelo, además de la progresiva soltura de la pincelada, denotan un concepto muy ilustrativo de lo que era aquella monarquía, cercana, pero merecedora de un gran respeto a la vez.

Más convencionales son dos retratos de cuerpo entero de la *Reina Isabel de Borbón*, primera esposa de Felipe IV, en los que no se descarta la posible colaboración de un pintor especializado en la detallada interpretación de la indumentaria y los accesorios, como era Bartolomé González. El retrato en busto de la *Infanta María de Austria* presenta en amable actitud a la hermana del rey.

El espléndido *Retrato de un joven* pertenece a la serie catalogable como personajes no identificados, aunque ha sido clasificado en ocasiones como un autorretrato, y en el que sus reducidas dimensiones no devalúan su gran categoría artística. Se trata de uno de aquellos retratos claramente diferenciables de los reales, en especial en la ejecución de los rostros, característica esta típica del arte velazqueño. Así como en los de la realeza lo más importante era captar y revelar al espectador la condición de los retratados, en los retratos de amigos o de otros personajes de la corte Velázquez daba rienda suelta a la plasmación de las peculiaridades de la fisonomía y el carácter del modelo, al mismo tiempo que podía permitirse el lujo

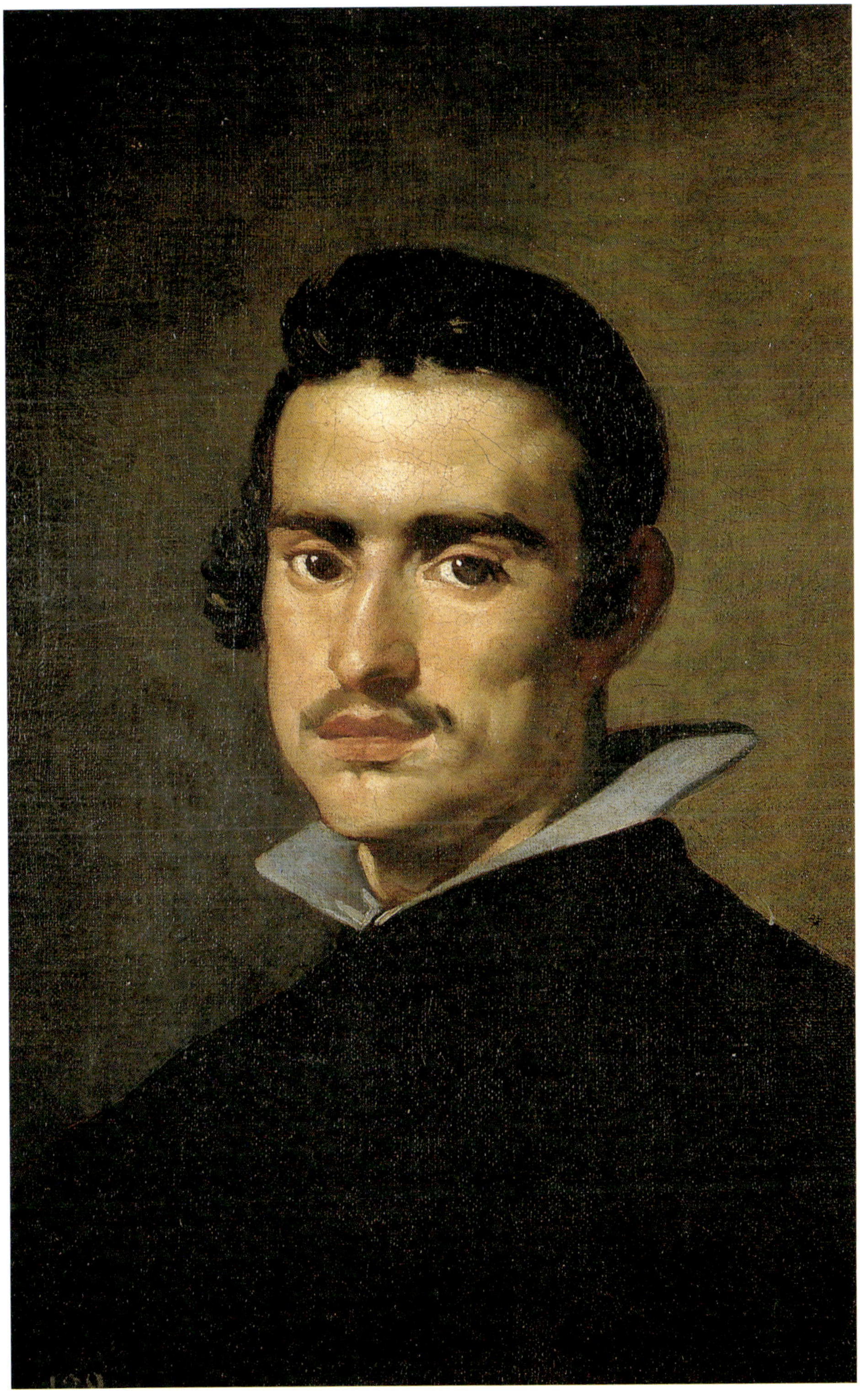

de ensayar nuevas técnicas pictóricas. Más ambicioso es el inacabado *Retrato de hombre joven*, cuya mano, tan sólo esbozada, permite apreciar el sistema de trabajo del artista. La posición de la figura, en medio perfil hacia la derecha y la cabeza girada hacia la izquierda, dio la oportunidad a Velázquez de ensayar una postura más difícil que en cualquier otra de las demás obras de este período.

Realizó también otros retratos inacabados que representan a amigos o conocidos suyos y que quizá podrían ser fruto de un momento en que necesitó pintar y solicitó a alguien cercano que posase como modelo. Existen además un par de cuadros que son, en realidad, el mismo personaje, pero con algunas variantes. Uno de ellos es el denominado *Demócrito* o *El geógrafo*, obra en la que convergen tres puntos de interés: la esfera terrestre sobre una mesa, que sustituyó a la copa que originalmente tenía el representado en la mano; la calidad del manto sostenido entre los dos brazos, y la expresión del rostro del personaje, demostrativo de su deficiencia mental. El segundo cuadro, *Bufón con un vaso de vino*, conduce la vista hacia el rostro y hacia la mano que sostiene el vaso.

El hecho que la carrera de Velázquez en el seno de la corte fue más rápida que la evolución de su arte lo demuestran algunos hechos. Un momento especialmente feliz y delicado a la vez para Velázquez fue en 1626, tras la exhibición de su retrato ecuestre de Felipe IV, que despertó la admiración de toda la corte y la envidia por parte de algunos. Olivares solicitó al nuncio, monseñor Giovanni Battista Pamphili, el futuro Inocencio X, una exención que permitiera disfrutar al artista de un beneficio eclesiástico de 300 ducados anuales, favor que le fue concedido. Pacheco celebró el éxito de Velázquez, pero los otros pintores de la corte, más veteranos, no vieron con buenos ojos que a un joven prácticamente recién llegado se le colmara de elogios y les tirara por tierra una promoción personal en la que habían invertido años. Vicente Carducho y Eugenio Cajés fueron dos de los pintores más críticos con la situación, que no tardó en derivar en grandes resentimientos, y una prueba palpable de ello fue la ausencia explícita del nombre de Velázquez en el importante tratado titulado *Diálogos de la Pintura*, que publicó el primero en 1633. Según Jusepe Martínez, un conocido de Velázquez más joven que él, estos colegas de más edad le acusaban de que sólo era capaz de pintar cabezas, opinión que derivó en la realización de un concurso entre Velázquez y los otros tres pintores reales, es decir, los mismos Carducho y Cajés, además de Angelo Nardi, nombrado en 1625.

El geógrafo o **Demócrito**
1628-1629, óleo sobre lienzo, 101 × 81 cm
Ruán: Musée des Beaux Arts

Dentro de la primera etapa de su estancia en la corte, ningún tipo humano, por variopinto que fuese, se resistió a la paleta de Velázquez. Pero, a diferencia de otros artistas, incluso la deficiencia mental alcanza en su obra cierto grado de ternura.

El concurso, que tuvo lugar en los primeros meses de 1627, consistió en pintar la expulsión de los moriscos de España, decretada por Felipe III en 1609, tema elegido para sumarse a la decoración del llamado Salón Nuevo del Alcázar y dedicado a loar el poder y la virtud de los Austria españoles como defensores de la fe. Según Pacheco, los jueces del concurso fueron fray Juan Bautista Maino y el arquitecto romano Giovanni Battista Crescenzi, muy del gusto ambos de Velázquez, porque compartían su visión moderna de la pintura. Como no podía ser de otra manera, Velázquez resultó ganador, y tal victoria supo convertirla en un jalón decisivo en su carrera. La obra no se conserva, pero al menos la temática exigida resulta indicativa de la evolución del gusto de la corte.

Además de las secuelas artísticas derivadas de este concurso, en el amplio abanico de tiempo que va desde la llegada de Velázquez a Madrid y su primer viaje a Italia, las visitas que a Madrid efectuaron destacados personajes de la Europa del momento contribuyeron a dotar de un seguro fundamento el mundo del arte que se respiraba en la corte de Felipe IV. Por aquellos años, a la citada visita del príncipe de Gales, gran admirador de la pintura y destacado coleccionista real, se sumó la estancia en Madrid, concretamente desde el 24 de mayo al 4 de agosto de 1626, del cardenal Francesco Barberini, sobrino de Urbano VIII y célebre porque llegó a convertirse con el tiempo en uno de los grandes mecenas artísticos del siglo XVII. Le acompañó el anticuario y erudito Cassiano dal Pozzo, secretario de la legación, entre cuyas obligaciones figuraba la de registrar en un diario todo lo que se hicie-

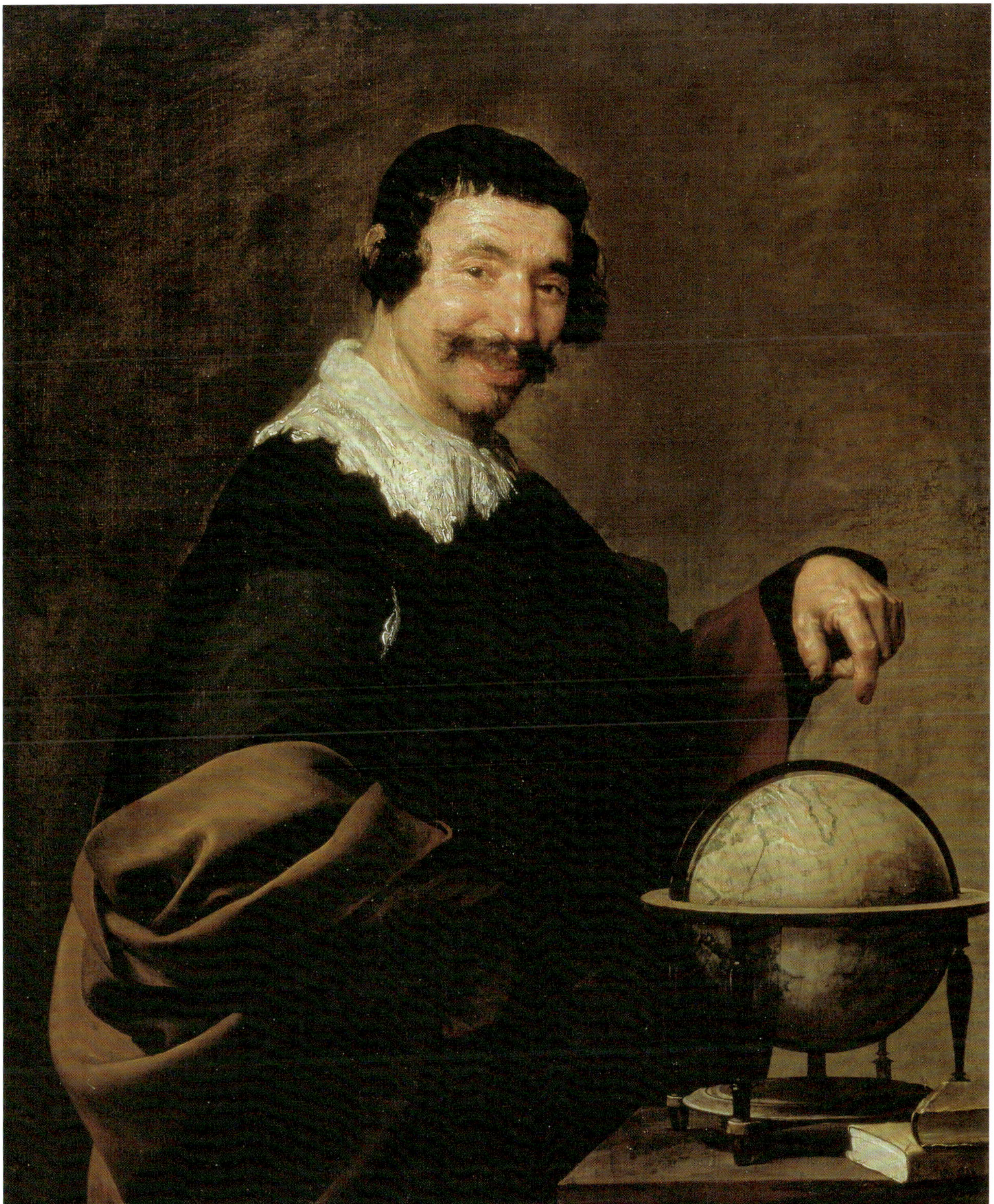

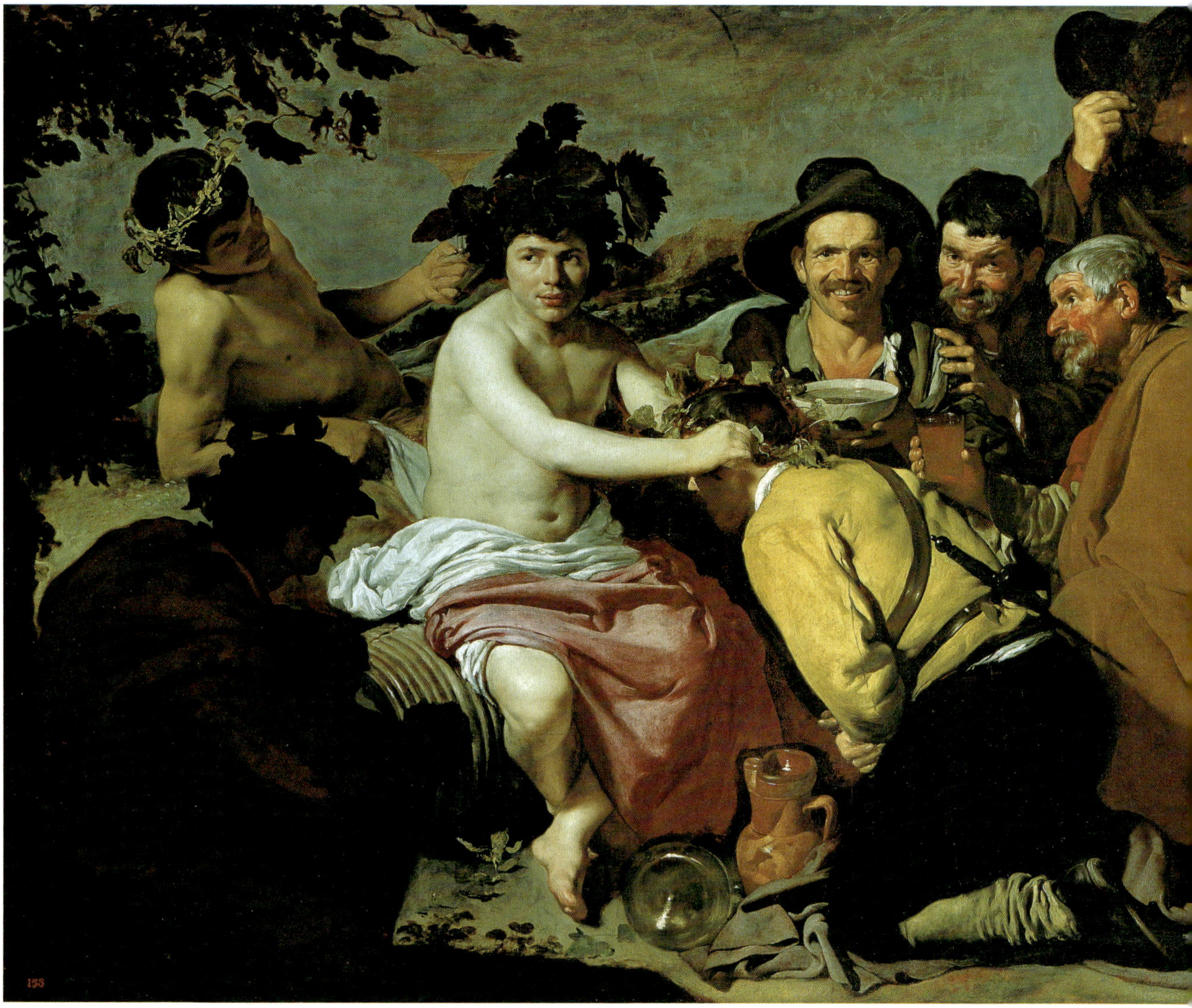

Los borrachos
1628-1629, óleo sobre lienzo,
165 × 227 cm
Madrid: Museo del Prado

Renovador de muchos de los grandes géneros pictóricos, tales como el retrato, el paisaje o los acontecimientos históricos, Velázquez supo también dar un tratamiento narrativo y muy personal al mitológico. Sólo así pudo transmitir su propio e independiente ideario artístico.

ra y viera durante la estancia en España. Esta visita y el escrito en cuestión, en el que recogió una poco elogiosa valoración sobre un retrato del cardenal pintado por Velázquez y que confirmó así la falta de soltura y acabado de las primeras obras en la corte del pintor, ayudó tanto al artista como a Felipe IV a ampliar sus horizontes en materia artística y gusto pictórico, amén de iniciar la amistad de dos influyentes personajes que le ayudarían durante su estancia en Italia.

Los borrachos, entre la mitología y la cotidianidad

Algún tiempo después, concretamente en septiembre de 1628, llegó a Madrid el célebre Rubens en calidad de emisario de la infanta Isabel, tía de Felipe IV y gobernadora de los Países Bajos, a fin de preparar el terreno para un tratado de

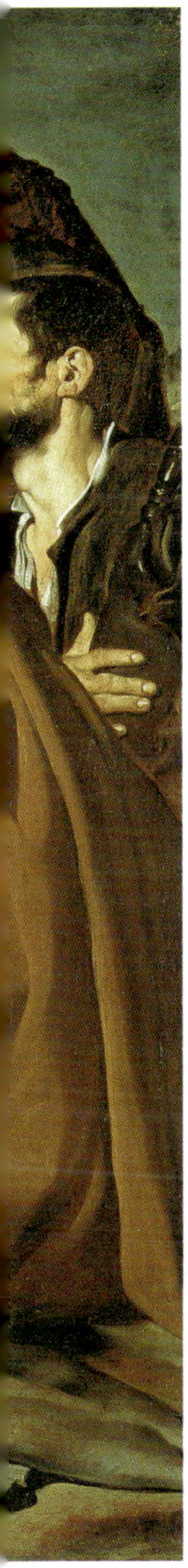
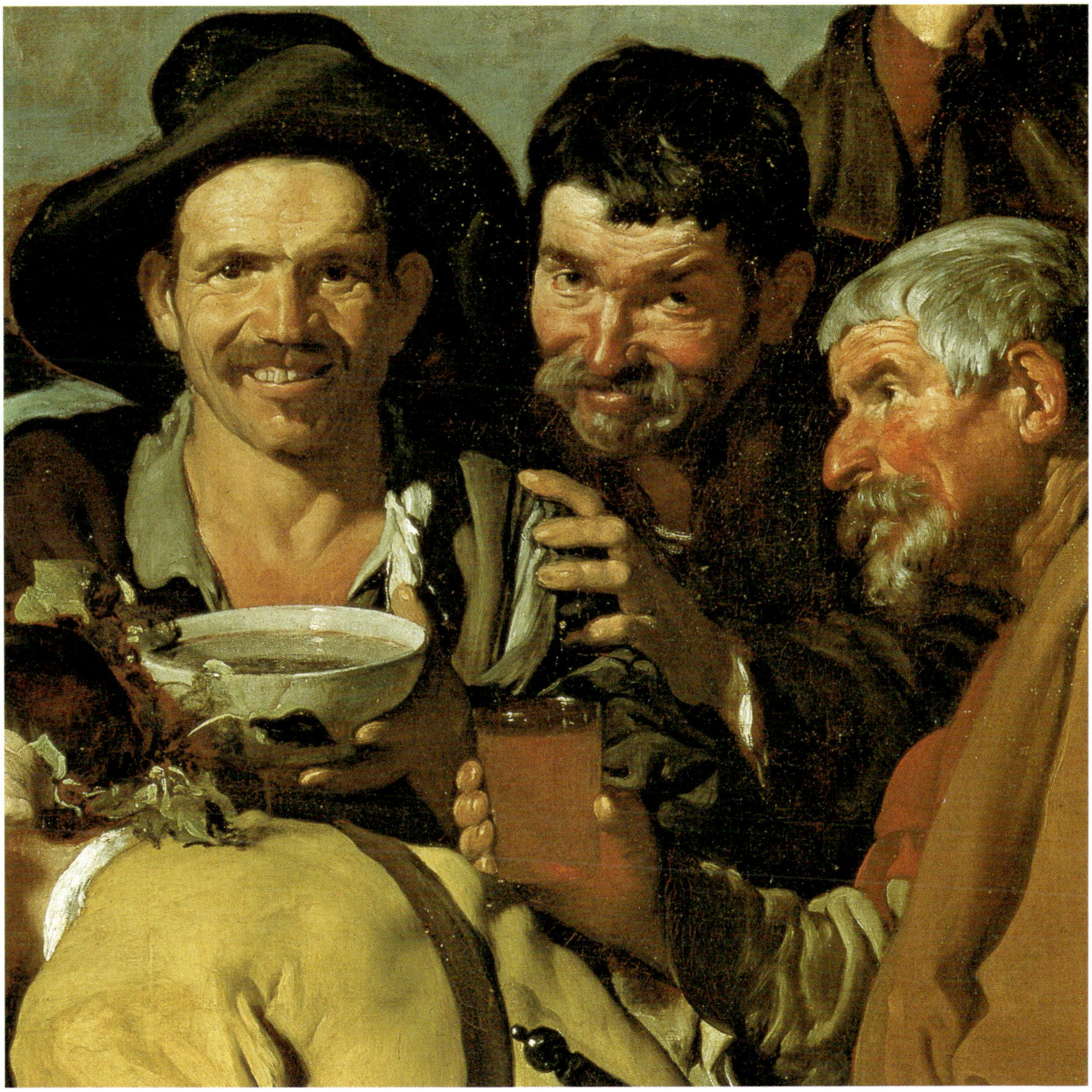

paz con Inglaterra. Sin embargo, durante los meses que permaneció en España, también se dedicó a la pintura y realizó un grupo de retratos reales, a pesar de infringir con ello el monopolio de Velázquez. Acostumbrado a la rutina de sus colegas del Palacio Real, estos lienzos de Rubens supusieron para el artista sevillano un soplo de aire fresco, a pesar de que sus objetivos artísticos fuesen distintos. Velázquez representaba a Felipe IV como la esencia del poder real, lejos de la visión alegórica por la que había optado el pintor flamenco. Rubens realizó, además, muchas copias de los lienzos de Tiziano conservados en El Escorial, obras que también fueron para Velázquez una especie de lección magistral del arte de la pintura y que le permitieron ver en su cuadro de *El triunfo de Baco* o *Los borrachos*, realizado cuando Rubens aún estaba en la corte y situado al lado de la copia que este último hizo de *El rapto de Europa*, cuánto camino le quedaba aún por recorrer para ser reconocido como una gran artista barroco. En la versión de

Los borrachos
Detalle

Los alegres bebedores del grupo que rodea a un Baco semidesnudo, a los que el pintor utilizó para trazar un discurso pictórico sobre las bondades del vino y su capacidad para consolar todo tipo de penalidades, parecen directamente extraídos de las tabernas de Madrid.

Cristo y el alma cristiana
1626-1628, óleo sobre lienzo,
165 × 208 cm
Londres: National Gallery

Pese a la flagelación que precedió al martirio de la Cruz, el Cristo de Velázquez, cuya composición denota una tensión perfectamente equilibrada, conserva un entrañable vigor tan sólo contrarrestado por la mezcla de comprensión y tristeza reflejada en su rostro.

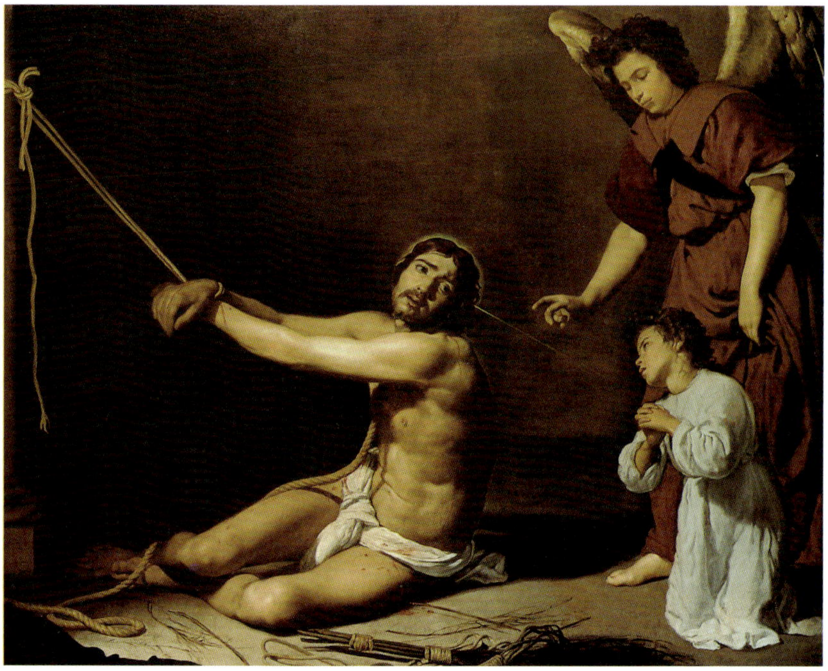

Velázquez, cuyo tema ya era conocido por un grabado de Jan Saenredam según un diseño de Hendrik Goltzius, Baco, dios del vino, tiene el aspecto de un mozo vulgar a medio vestir y sus devotos no son sino pícaros y mendigos. El efecto de la bebida, solicitada como medio para aliviar el dolor y la pena, ya está haciendo efecto, mostrando algunos de los personajes una expresión de embriaguez. Se trata de una parodia en la que el dios Baco corona, a la sombra de la parra, a su corte de desarraigados, cuya vestimenta actúa de enlace entre la Antigüedad y el mundo del espectador contemporáneo.

La pintura religiosa

Otro cuadro que puede fecharse en este período es la representación de *Cristo y el alma cristiana*, también denominado *Cristo contemplado por el alma cristiana tras la flagelación*, al que adora un niño ante el ángel de la guarda. El tema era poco frecuente y de escasos precedentes en el arte español, y Velázquez eliminó en el mismo los elementos narrativos que corresponden a la flagelación para sustituirlos por otros de carácter simbólico que apuntan como fuente a un texto místico sin identificar. Su tamaño dificultó la interpretación de su destino, pues no parecía adecuado para un oratorio particular, ni tiene las características de un cuadro de altar. Algo semejante sucede con *La tentación de santo Tomás de Aquino*, obra de un depurado estudio de la perspectiva aérea y gran expresividad.

El conjunto de todas esas obras y, sobre todo, la lección aprendida tras la estancia de Rubens en Madrid, hicieron que la evolución artística de Velázquez en la corte de Felipe IV se viese de pronto paralizada. Un nuevo progreso en su pintura pasaba por un viaje a Italia y, así, el 28 de junio de 1629, casi dos meses después de que Rubens partiera para Londres, Felipe IV autorizaba a su pintor preferido a desplazarse al país transalpino.

La tentación de santo Tomás de Aquino
h. 1628-1629, óleo sobre lienzo,
244 × 203 cm
Orihuela: Museo Diocesano

La ayuda prestada por dos ángeles al desfallecido filósofo medieval santo Tomás, indica la compasividad y ternura con que Velázquez afrontó la representación de una escena cuyo protagonista hizo de la demostración de la existencia de Dios su meta de lucha en la vida.

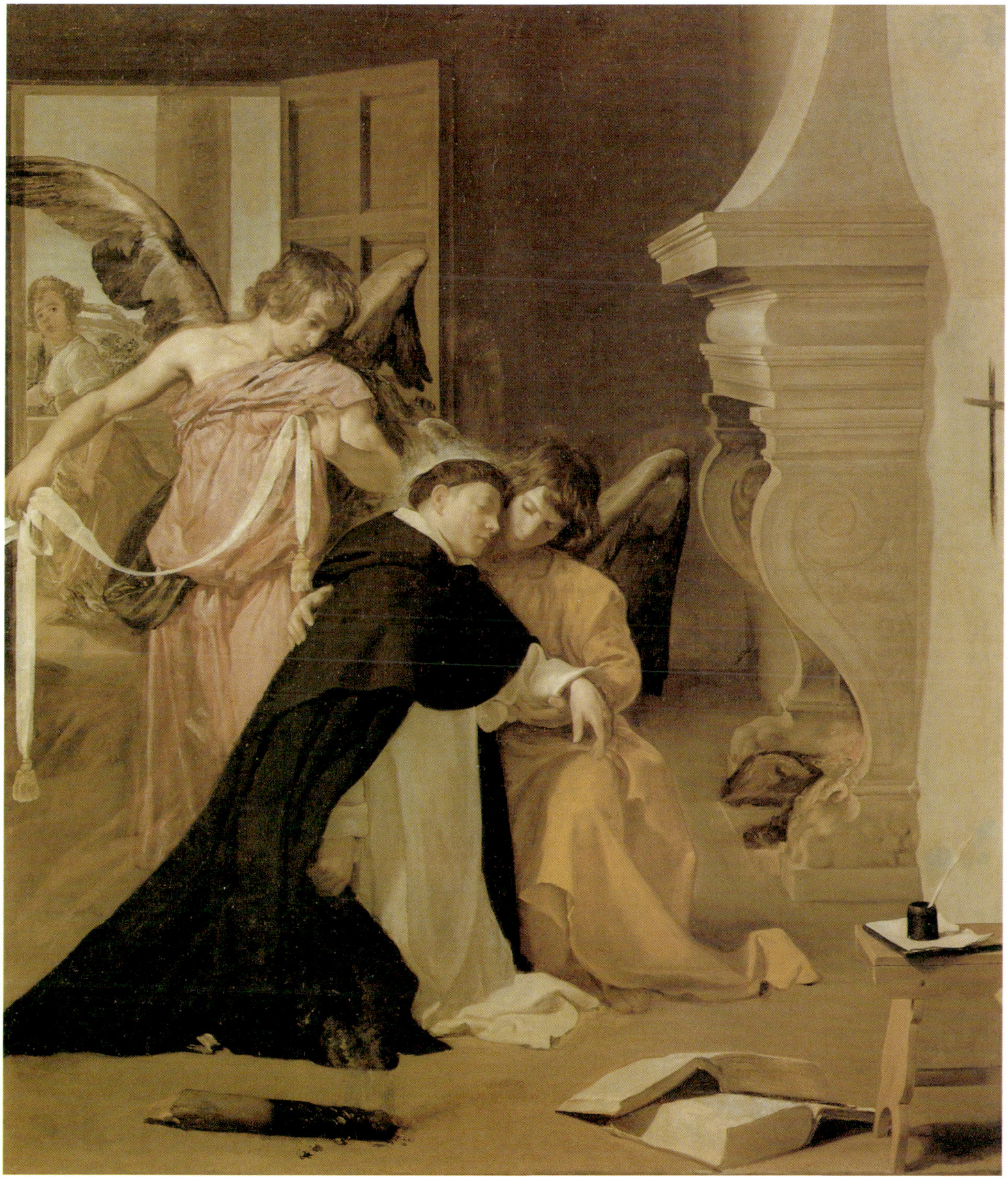

El sueño italiano

La importancia del viaje de Velázquez quedó constatada en la correspondencia diplomática de varios embajadores en Madrid, como los de Parma, Venecia y Florencia, quienes se aprestaron a enviar a sus respectivas ciudades la noticia de la visita, a fin de que el pintor tuviese una digna acogida en calidad de representante de la corona española, y a preparar la documentación correspondiente. El relato del viaje que hizo Francisco Pacheco, básicamente una mera crónica sobre los lugares visitados por el pintor, es la fuente principal para el conocimiento de los pormenores del mismo, aunque su texto está centrado en las excelentes acogidas dispensadas y en los contactos establecidos con importantes miembros de la nobleza y de la iglesia. La carta de presentación de Velázquez era la del pintor de Felipe IV, y en calidad de tal se le permitió tener acceso a lugares que sólo los más privilegiados podían visitar.

Siempre según Pacheco, Velázquez se embarcó en Barcelona el 10 de agosto de 1629 acompañado por el general genovés Ambrosio Spínola, destinado al mando de las tropas españolas que intervenían en la guerra de Mantua. Velázquez desembarcó en Génova el 19 de septiembre, partiendo a los pocos días hacia Milán y de allí a Venecia, donde residió en el domicilio del embajador español ante la República, don Cristóbal de Benavente, quien le facilitó una escolta debido al clima de agitación de la ciudad y al hecho de la escasa simpatía de que gozaban los españoles allí residentes. Además, la sospecha de espionaje que había recaído sobre el joven pintor había complicado más la situación. Velázquez permaneció algún tiempo en la República, admirando y estudiando las obras de grandes maestros del Renacimiento veneciano, como Tiziano, Paolo Caliari (llamado «el Veronés») y Tintoretto.

Finalizada su estancia, Velázquez partió en dirección a Roma, pero antes se detuvo en Ferrara, donde fue recibido por el cardenal Giulio Sacchetti, a quien había conocido cuando era nuncio papal en Madrid y quien, tras su regreso a su país, desarrolló una espectacular labor de mecenazgo durante el pontificado de Urbano VIII. Como expertos conocedores y mecenas, el cardenal Sacchetti y su hermano Marcello fueron los primeros protectores de Pietro da Cortona. Es posible que Velázquez se detuviera más tarde en Cento para visitar a Giovan Francesco Barbieri, llamado «el Guercino», aunque más probable es que hiciera parada en Florencia.

Era ya el año 1630 cuando llegó a Roma, ciudad en la que el cardenal Francesco Barberini le dispensó un trato cordial, fruto de la antigua amistad trabada en Madrid cuatro años antes. El cardenal, quien ya se había forjado una sólida reputación como mecenas artístico y quien era el principal protector de las artes después del papa, puso a su disposición unos aposentos en los Palacios Vaticanos, pero al encontrar Velázquez que el alojamiento era solitario y alejado cambió de lugar de residencia. Antes de mudarse, sin embargo, se aseguró de que la guardia vaticana le dejaría entrar sin dificultades para poder realizar copias de los grandes frescos de Rafael y Miguel Ángel, actividad considerada requisito universal en la formación artística de todo pintor que se preciase si así conseguía hacerse con el canon de la gran *maniera* pictó-

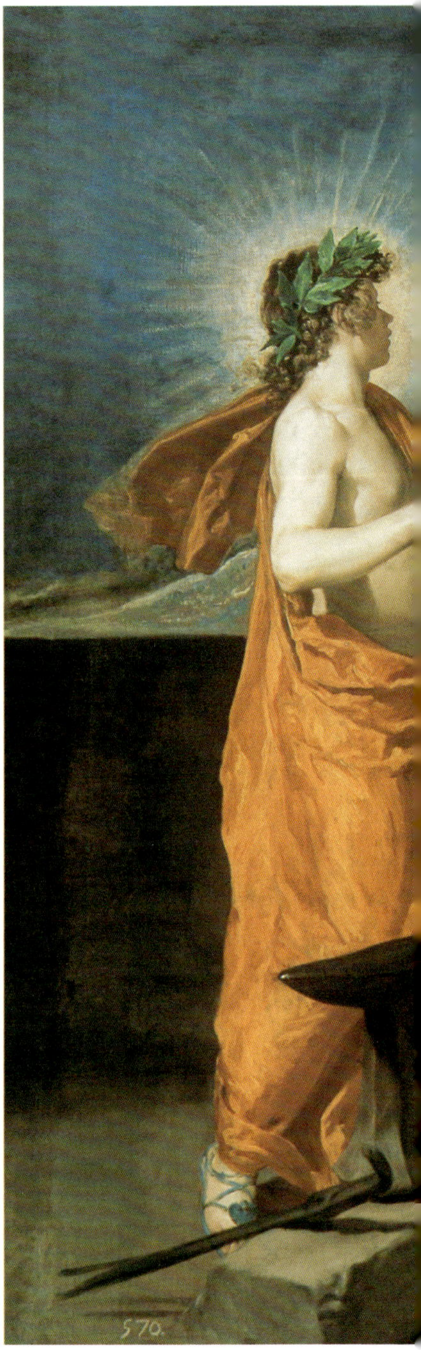

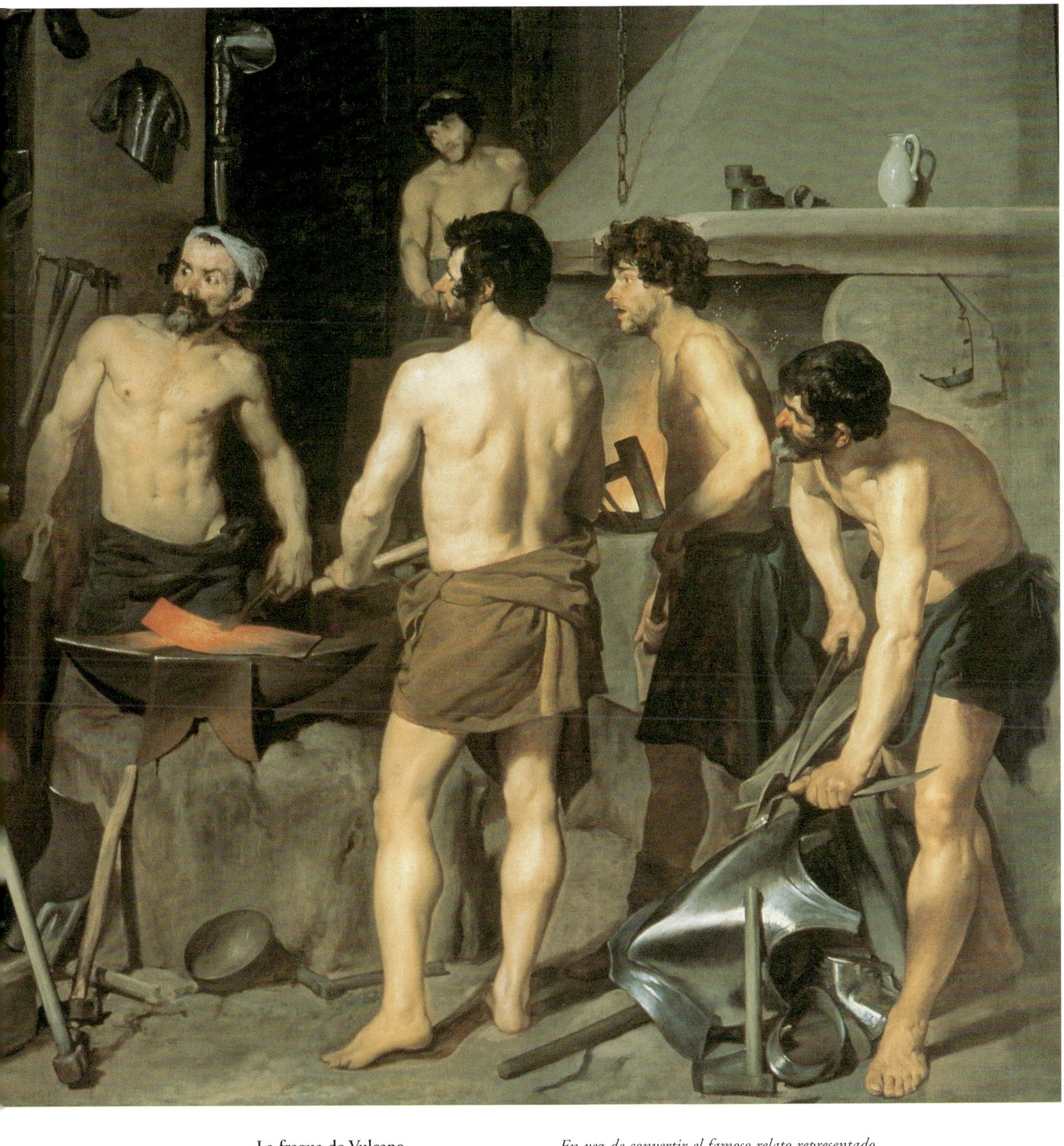

La fragua de Vulcano
1630, óleo sobre lienzo, 223 × 290 cm
Madrid: Museo del Prado

En vez de convertir el famoso relato representado en una escena burlesca, tan habitual en la literatura de la época, Velázquez mostró su irrefrenable tendencia de dar la vuelta a los mitos a fin de obtener las posibilidades más paradójicas del momento captado.

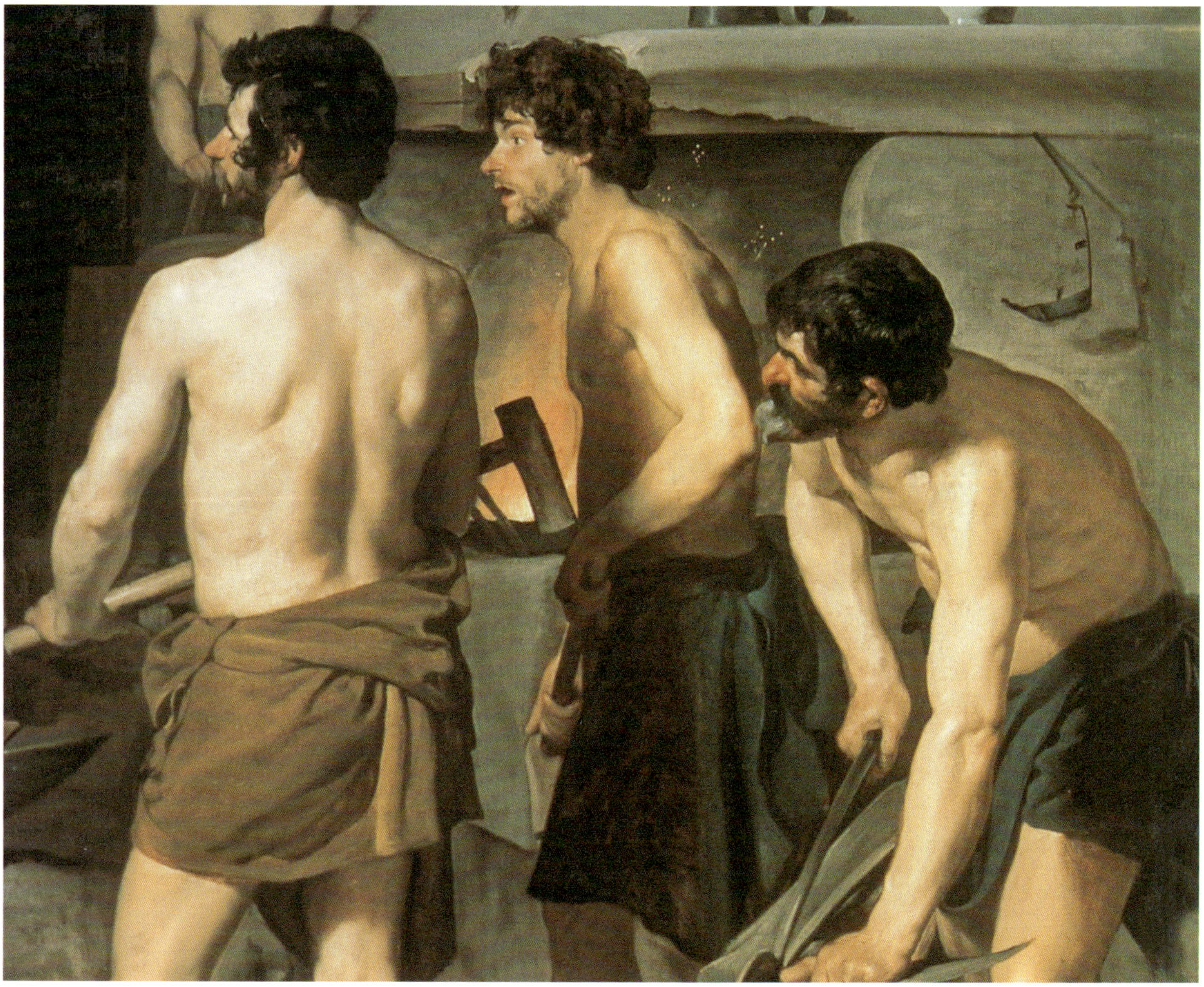

La fragua de Vulcano
Detalle

El momento de la revelación a Vulcano por parte de Apolo del adulterio de su esposa con Marte permitió al artista construir una historia en la que aunó no solamente un conjunto de acciones individuales, sino también un repertorio coordinado de gestos y actitudes.

rica italiana, palpable en la obra del primero, y aprender las sutilezas del dibujo anatómico y las posibilidades de expresión de la figura humana del segundo.

Al margen del estudio de los grandes maestros del pasado, otra parte importante del programa de Velázquez era relacionarse con los principales maestros contemporáneos. Roma vivía en aquellos momentos un período de gran vitalidad artística de la mano de Pietro da Cortona, Andrea Sacchi, Nicolas Poussin, Claudio Lorena y Gianlorenzo Bernini. Aunque no existe testimonio alguno de que Velázquez entrase en relación personal con estos artistas, es seguro que se vinculó con algunos de sus protectores. Se ha hecho ya mención de los cardenales Giulio Sacchetti y Francesco Barberini, protector este último de Sacchi, Bernini y Poussin, aunque el pintor francés estableció una relación más sólida con el erudito Cassiano dal Pozzo, a quien también Velázquez había conocido en España y quien, una vez en Roma, lo introdujo en su círculo de amigos. El cuarto mecenas con el que entró el contacto fue Manuel de Fonseca y Zúñiga, conde de Monterrey, embajador de España ante la Santa Sede (1628-1631) y posteriormente virrey de Nápoles, relacionado con los pintores Giovanni Lanfranco e Il Domenichino.

Así, a través de todas esas amistades, a las que habría que sumar la más que probable con diversos colegas italianos, Velázquez pudo conocer tanto las novedades del mundo artístico como profundizar en el arte del pasado. En la Roma de 1630 se respiraba la herencia de un caravaggismo ya en declive y de la moderna reelaboración del ideal clásico fundado por Annibale Carracci. A este bagaje habría que añadir que, durante el verano, solicitó la ayuda del conde de Monterrey a fin de obtener permiso para trasladarse a Villa Médici y poder así huir del calor y al mismo tiempo copiar obras de la amplia colección de escultura clásica que en ella se guardaba. A lo largo de dos meses se dedicó a tan agradable tarea, aunque posteriormente cayó enfermo a causa de unas fiebres tercianas (fiebre de tipo intermitente en que los accesos febriles aparecen cada dos días y están separados por un intervalo de un día completo sin nin-

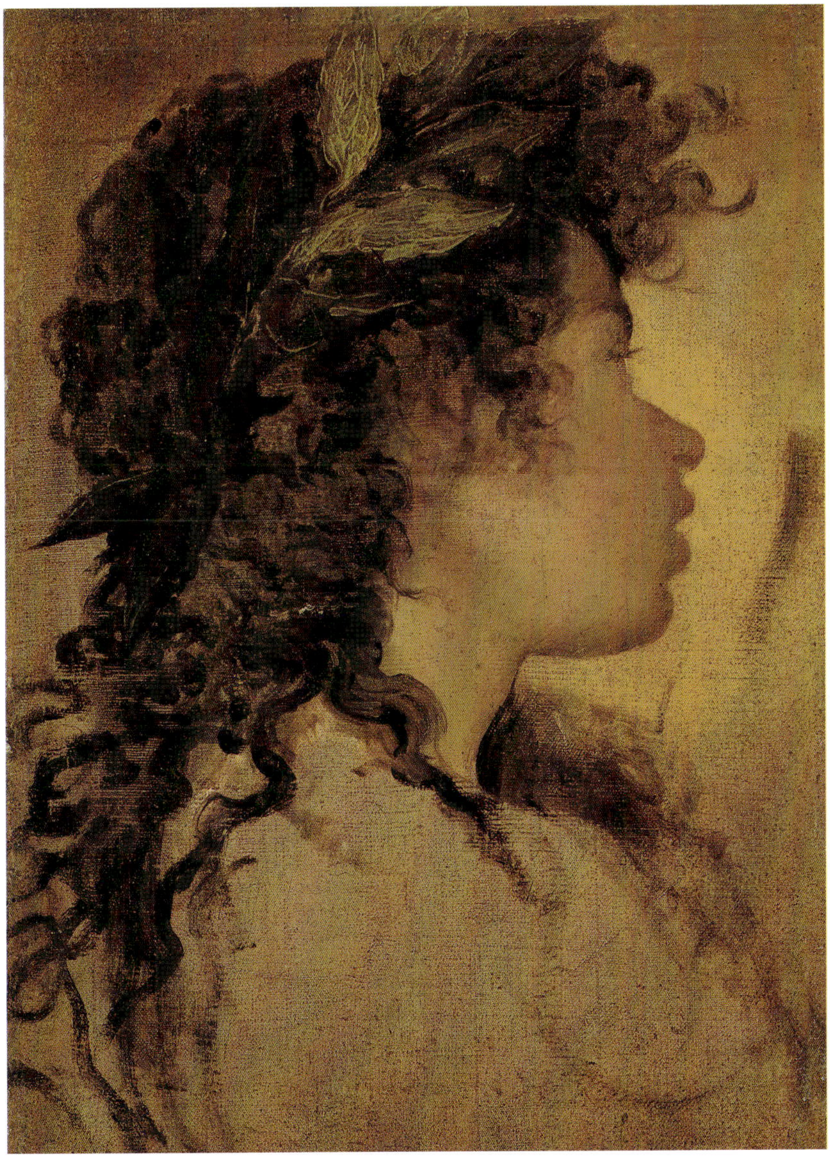

Estudio para una cabeza de Apolo
1630, óleo sobre lienzo, 36 × 25 cm
Nueva York: Colección particular

Este estudio de la cabeza del dios Apolo facilitó a Velázquez concebir la idea de representarlo finalmente coronado de laurel, vestido con una túnica anaranjada y rodeado por un halo luminoso para hacer así de su irrupción en la célebre fragua algo totalmente inesperado.

gún síntoma) y tuvo que trasladarse a un lugar próximo a la residencia del embajador, quien veló por su recuperación. Tampoco se descarta que los dos famosos lienzos relativos a los jardines de esta villa, cronológicamente atribuidos a su segundo viaje a Italia, los realizase en realidad en esta ocasión.

El viaje de Velázquez supuso un giro decisivo en su carrera artística. Durante los 18 meses que pasó en Italia, su estilo sufrió una transformación radical, y la repercusión del arte italiano en las pocas obras fechables en este período puede observarse en cuadros como *La fragua de Vulcano* y *La túnica de José*, a pesar de que solamente el texto de Palomino permite ubicarlas cronológicamente en dicho período. Velázquez las vendió a la corona en 1634, y el documento de compra indica que las pintó sin encargo previo. Además, la aparente uniformidad de sus dimensiones y el contenido temático de ambos lienzos permite imaginar que se trata de una pareja de obras complementarias.

Para el cuadro de *La fragua de Vulcano*, Velázquez se inspiró en un grabado de Antonio Tempesta para una edición de las *Metamorfosis* de Ovidio, fechada en 1606. Así, según la conocida obra del poeta latino, Apolo se acercó a la forja de Vulcano para contarle la infidelidad de su esposa, Venus, con Marte, captando hábilmente Velázquez toda la trascendencia del tema al trasladar el mito a un contexto cotidiano. Las figuras son las de hombres corrientes, y la noticia trasmitida parece sacudir e impactar a todos los personajes en tanto llega a los oídos de Vulcano y de los cíclopes, sus ayudantes, que quedan como paralizados en su trabajo. Un convincente tratamiento espacial y un cambio de pincelada diferencian este lienzo de todas las obras anteriores del artista, pero también aquí improvisó continuamente e introdujo correcciones grandes y pequeñas hasta conseguir el resultado que buscaba y una obra maestra de técnica y psicología. El *Estudio para una cabeza de Apolo* constituye uno de los escasos bocetos preparatorios de Velázquez, indicativo de la idea originaria con la que el artista quería representar al dios.

La túnica de José es, al igual que la obra anterior, el momento de una revelación. Los hermanos de José presentan la falsa prueba de su muerte al padre, que reacciona con un gesto de sorpresa y horror. Tampoco aquí los protagonistas son tipos humanos idealizados, sino que son figuras de estudiadas posturas y cuidado modelado. El color y la luz son los elementos más importantes del cuadro, en el que subyace el arte de Tiziano y la escuela veneciana a base de una paleta más clara y una amplia gama de colores de una viveza inexistente en su producción anterior.

Esas dos obras ponen claramente de manifiesto cuánto provecho había sabido obtener Velázquez de su estancia en tierras italianas, aunque es difícil identificar una obra o unos artistas que llamasen tanto su atención como para convertirse en las fuentes de transformación de su pintura. Más bien se puede decir que hizo una interpretación personal de todo cuanto llegó a impresionarle en su peregrinaje artístico, ya que sus obras romanas y posromanas son claramente opuestas a toda la pintura italiana del período. Sin embargo, sí se puede afirmar que de quien más intentó aprender, sin imitar, fue de Pietro da Cortona.

Durante el otoño de 1630, tras más o menos un año de estancia en Roma, decidió regresar a Madrid, «por la mucha falta que hacía al servicio del Rey». Según el testimonio de Pacheco, lo hizo vía Nápoles, ciudad en la que el pintor más famoso era José de Ribera y donde coincidió con la hermana del rey, María de Hungría, quien iba al encuentro de su nuevo esposo Fernando III y a quien le hizo probablemente el retrato que actualmente se conserva en el museo del Prado. Llama la atención en el mismo la tonalidad del lienzo, a juego con el color del cabello, además de la firmeza y la delicadeza del modelado del rostro. El resto del cuadro pone de relieve una técnica muy viva, a base de pinceladas de diversa longitud y espesor. Esta obra anunció el comienzo de su período de madurez como retratista de corte, fruto de una formación sumamente completa y de un genio creador que le convertirían en uno de los pintores más famosos de su época.

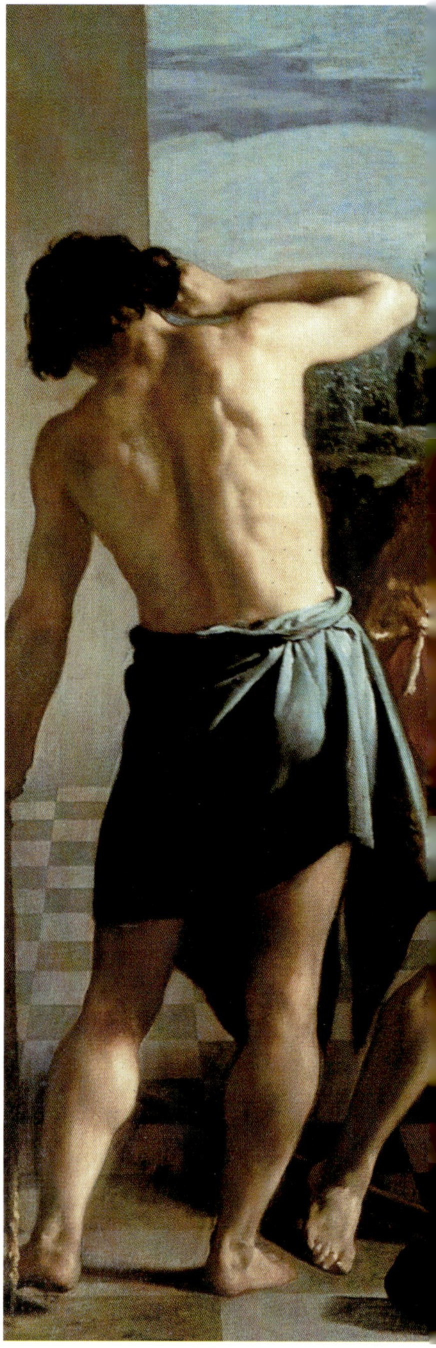

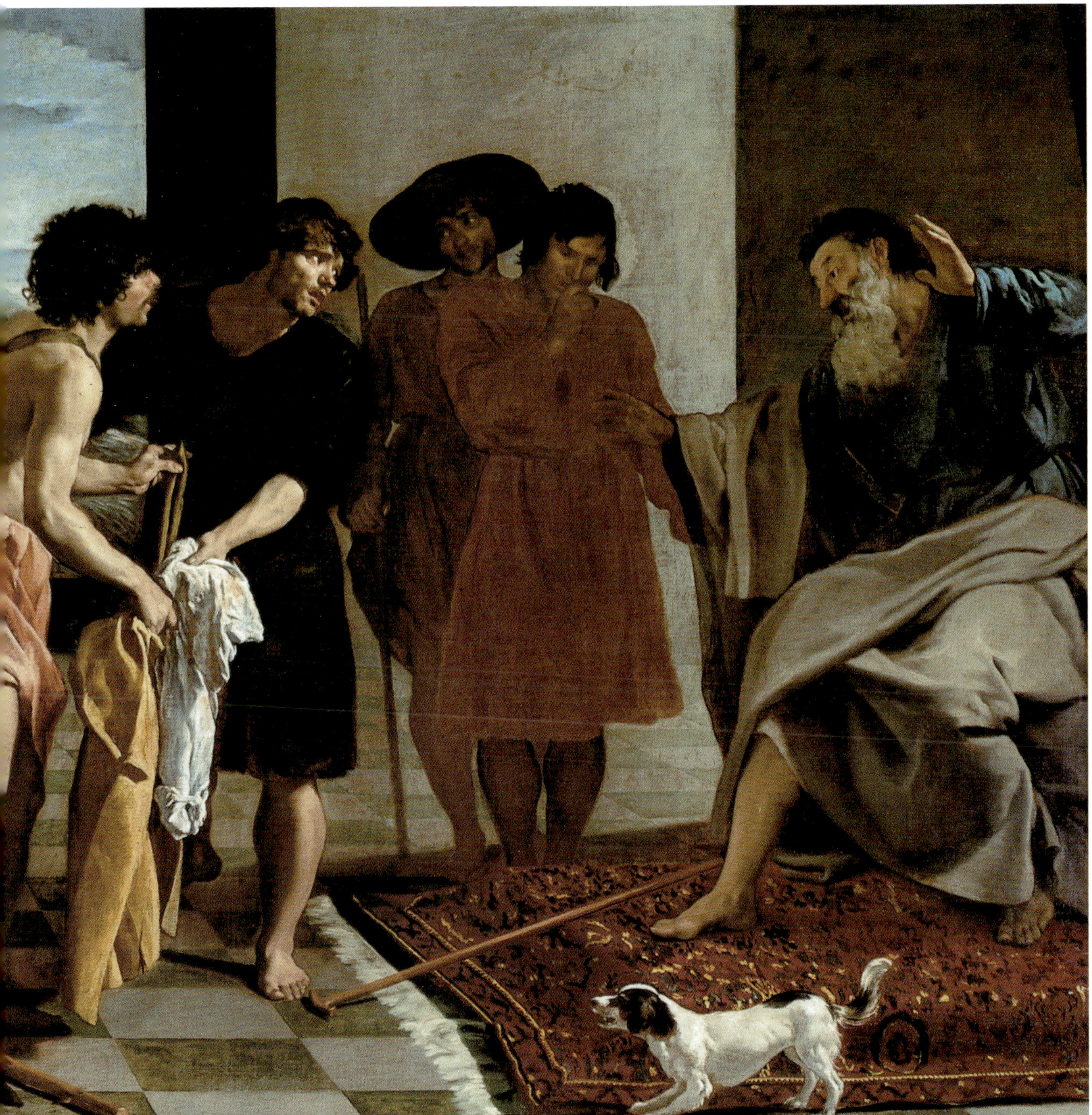

La túnica de José
1630, óleo sobre lienzo, 217 × 285 cm
Madrid: Monasterio de El Escorial

La cruel noticia de la muerte de José, argumentada ante el estupor de su padre con la presentación de la falsa prueba de su túnica, fue la escusa perfecta para que el artista mostrara su genuino y acentuado interés por la figura humana y sus reacciones ante la adversidad.

El segundo período cortesano

A su llegada a Madrid a principios de 1631, poco se imaginó Velázquez la gran tarea pictórica que le esperaba. Pleno de nuevas ideas y renovados proyectos, el artista se dirigió rápidamente a cumplimentar a Felipe IV y a Olivares, quienes le dispensaron un gran recibimiento. Con reservada alegría por su parte, Velázquez supo que en su ausencia el rey no había permitido que nadie le retratase, ni tampoco al príncipe Baltasar Carlos, hijo primogénito nacido durante su permanencia en Italia, pues para ambos encargos le estaba esperando con los brazos abiertos. El artista se puso inmediatamente manos a la obra, y fruto de este trabajo es el lienzo *El príncipe Baltasar Carlos con un enano*, aunque según otras opiniones este cuadro fue realizado con ocasión del juramento de fidelidad al príncipe por las Cortes castellanas en marzo de 1632. Este hecho era muy importante en la vida de la monarquía, pues representaba el momento en que el príncipe era reconocido como heredero del trono, y así lo retrató Velázquez en una rígida postura y vestido con uniforme de capitán general, incluida la espada, con la banda roja del cargo y empuñando un bastón de mando. A su lado, un enano lleva en las manos un sonajero de plata y una manzana, y su actitud permite interpretar que quizá protege el instrumento de juego de un joven príncipe que, una vez convertido en heredero de la monarquía, ya no lo necesitará.

Velázquez pintó también por entonces, al parecer, otro retrato de *Felipe IV*, obra que actualmente no se conserva, pero que se sabe de su existencia por una serie de versiones y copias, una de las cuales se estaba preparando en 1632 para ser enviada a Viena junto a un retrato de la reina Isabel. En otro *Retrato del príncipe Baltasar Carlos*, realizado al año siguiente, aparece de nuevo el pequeño heredero con atuendo militar y sujetando también una espada y el bastón de mando, en una lección deslumbrante de trabajo de pincel.

A esta serie de retratos reales siguieron algunos otros, como el de *Felipe IV vestido de castaño y plata*, que plantea, a tenor de la trayectoria artística de Velázquez, algunos problemas de cronología por la extraordinaria ejecución del atuendo. Es de destacar en el mismo el cambio de imagen efectuado en el rey respecto a obras anteriores, evolución debida no tan sólo al nuevo estilo de Velázquez, sino también a que durante la década de 1630 la corte de Madrid alcanzó momentos de gran esplendor, debidos en parte al programa de expansión de la grandeza del monarca del conde duque de Olivares, que incluía proyectos como la construcción del nuevo palacio del Buen Retiro.

Otro retrato fue el de cuerpo entero de la *Reina Isabel*, realizado alrededor de 1635 con la ayuda de su taller. La fecha de esta última obra pudo ser establecida gracias a un *Retrato ecuestre de la reina*, finalizado en el mismo año y destinado al palacio del Buen Retiro, dado que cabeza y busto son iguales en ambas obras. La creación de modelos de taller era una consecuencia del cargo en la corte que desempeñaba el artista, obligado como pintor de cámara a proveer a la corona de

El príncipe Baltasar Carlos con un enano
1631-1632, óleo sobre lienzo,
136 × 104 cm
Boston: Museum of Fine Arts

El nacimiento del príncipe en 1629 levantó los ánimos en la corte y facilitó un pretexto para el gasto y la ostentación, tan caros a los españoles. Adoptando aquí una pose regia impropia de su edad, Baltasar Carlos refleja el exponente del ansiado varón heredero del trono.

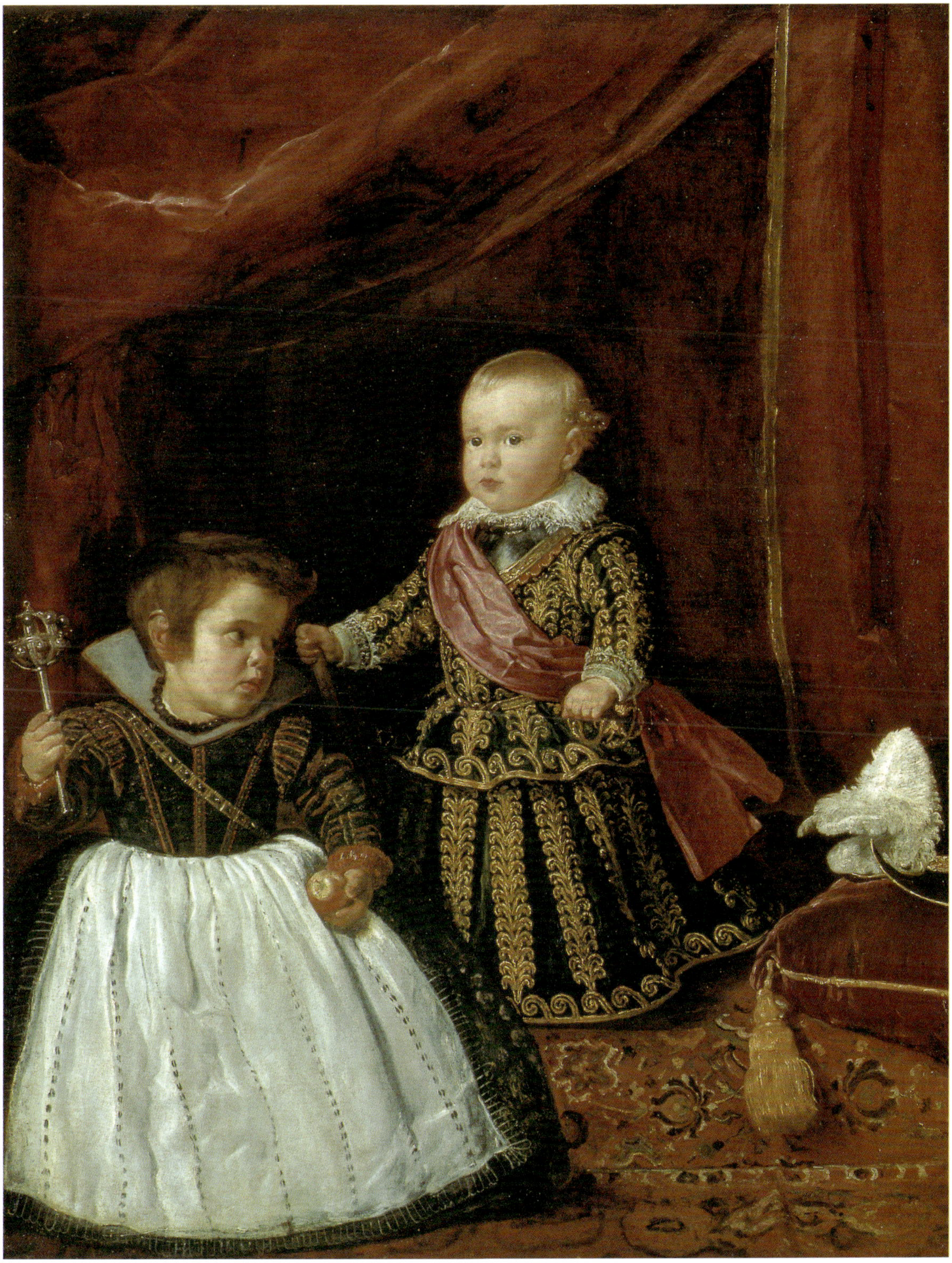

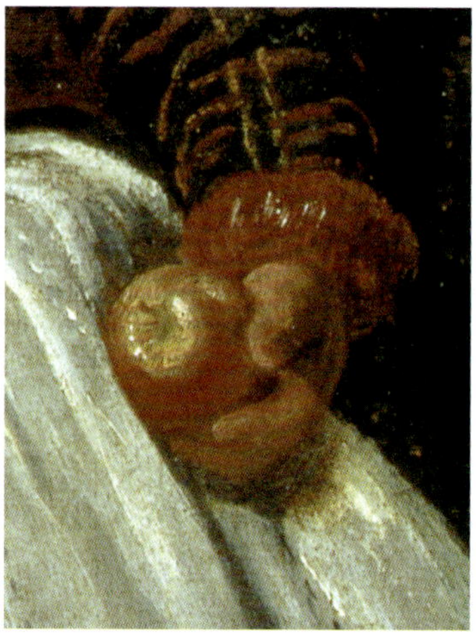

El príncipe Baltasar Carlos con un enano
Detalle

El exquisito detalle de la manzana que con delicada firmeza y apoyada en su regazo sostiene con la izquierda el compañero de juegos del príncipe, uno de los muchos enanos de la corte, aparece como el contrapunto del sonajero de plata que eleva con la mano diestra.

San Antonio Abad y San Pablo, primer ermitaño
1635-1640, óleo sobre lienzo, 260 × 192 cm
Madrid: Museo del Prado

Obra realizada para la ermita de San Pablo, ubicada dentro del recinto del palacio del Buen Retiro, se trata de un lienzo que representa mejor que cualquier otro aquella asociación entre naturaleza, estoicismo y vida eremítica tan frecuente en la cultura del momento.

unos retratos de la familia real que estaban sujetos a una gran demanda, tanto por parte de los leales súbditos como por el trato de cortesía derivado de la cuestión de las relaciones internacionales.

El palacio del Buen Retiro se convirtió, al margen de un lugar de descanso o retiro (como su nombre indica) para el rey y su séquito, en el escenario de las actividades artísticas de Velázquez. Su origen se remonta a una pequeña residencia real adosada al monasterio de San Jerónimo, enclavado en el extremo oriental de Madrid. Tras el juramento de fidelidad en sus aposentos del príncipe Baltasar Carlos, se decidió ampliar el edificio, y en enero del año siguiente estaba finalizada la mayor parte exterior de la construcción. Sin embargo, en el mes de mayo se acordó de forma imprevista demoler parte de lo edificado y construir lo que ya se convirtió en un gran palacio, bautizado por decreto de 1.° de diciembre como Buen Retiro. La obra fue objeto durante los siete años siguientes de sucesivas ampliaciones que afectaron especialmente a los terrenos circundantes, dotando al conjunto de todas las diversiones posibles con la construcción de un teatro, un juego de pelota y una arena.

Sin embargo, eran escasos los momentos en los que el rey disfrutaba del lugar, pues tan sólo se desplazaba al mismo durante el carnaval y después de la festividad de San Juan. En contrapartida, las clases populares veían en el Retiro y las fiestas allí celebradas la consecuencia de unos impuestos opresivos, fruto, con el tiempo, del mal gobierno de Olivares y las dificultades por la que atravesaba el reino. El edificio suscitó arquitectónicamente grandes controversias, pero los que disfrutaron del privilegio de entrar en su interior salían maravillados por la decoración, con gran abundancia de exquisito mobiliario y la importante pinacoteca que reunió el conjunto.

Las obras que centraron la atención durante la política de adquisición de la colección de pintura para decorar el palacio, dirigida en España por Jerónimo de Villanueva, hombre de confianza de Olivares, indican cuál era el estilo de mecenazgo artístico de la corte de Felipe IV. Villanueva contó con la colaboración en Italia de Manuel de Moura, marqués de Castel Rodrigo y representante de la corona en Roma, quien fue el responsable de la sorprendente estancia del palacio denominada Galería de Paisajes; y, desde Nápoles, por el conde de Monterrey. En Flandes, la búsqueda de obras pictóricas fue responsabilidad del cardenal infante Fernando, gobernador de la provincia y jefe del ejército, auxiliado por el taller de Rubens, que no sólo realizó en aquellos momentos lienzos para el Retiro, sino también para la Torre de la Parada y el Alcázar.

De esa forma, hacia 1640, el palacio del Retiro acogió entre sus muros una representativa muestra de obras de una serie de maestros, tanto de primera como de segunda fila, originarios de Francia, Italia y Flandes. Lo más novedoso del conjunto pictórico reunido fue quizá que las obras salieron mayoritariamente de los pinceles de artistas vivos, como Claudio de Lorena, Nicolas Poussin, Giovanni Lanfranco, Il Domenichino, Gaspar Dughet, Massimo Stanzione, Artemisia Gentileschi, Andrea de Leone, Peter Snayers y otros. Paradójicamente, la intensa actividad artística de esos años, propiciada por un programa bien organizado para glorificar la monarquía española, tuvo su contrapartida en la política, con la declaración de la guerra contra Francia en 1635, la separación de Portugal y la guerra de Cataluña, además de las deficiencias derivadas de una pésima administración.

En el caso de la decoración del palacio, tanto Felipe IV como el conde duque hubieron de fiarse del criterio artístico de sus representantes en el extranjero, puesto que sólo pudieron emitir juicio al momento sobre las obras de artistas españoles, como Francisco Collantes, Pedro de Orrente, Vicente Carducho, Eugenio Cajés, Juan de la Corte o el propio Velázquez. No obstante, la línea de mediocridad que imperó en el conjunto español no hizo sino poner más de relieve la gran distancia que separaba el arte de Velázquez del de sus coetáneos, quien incluso cuando supo

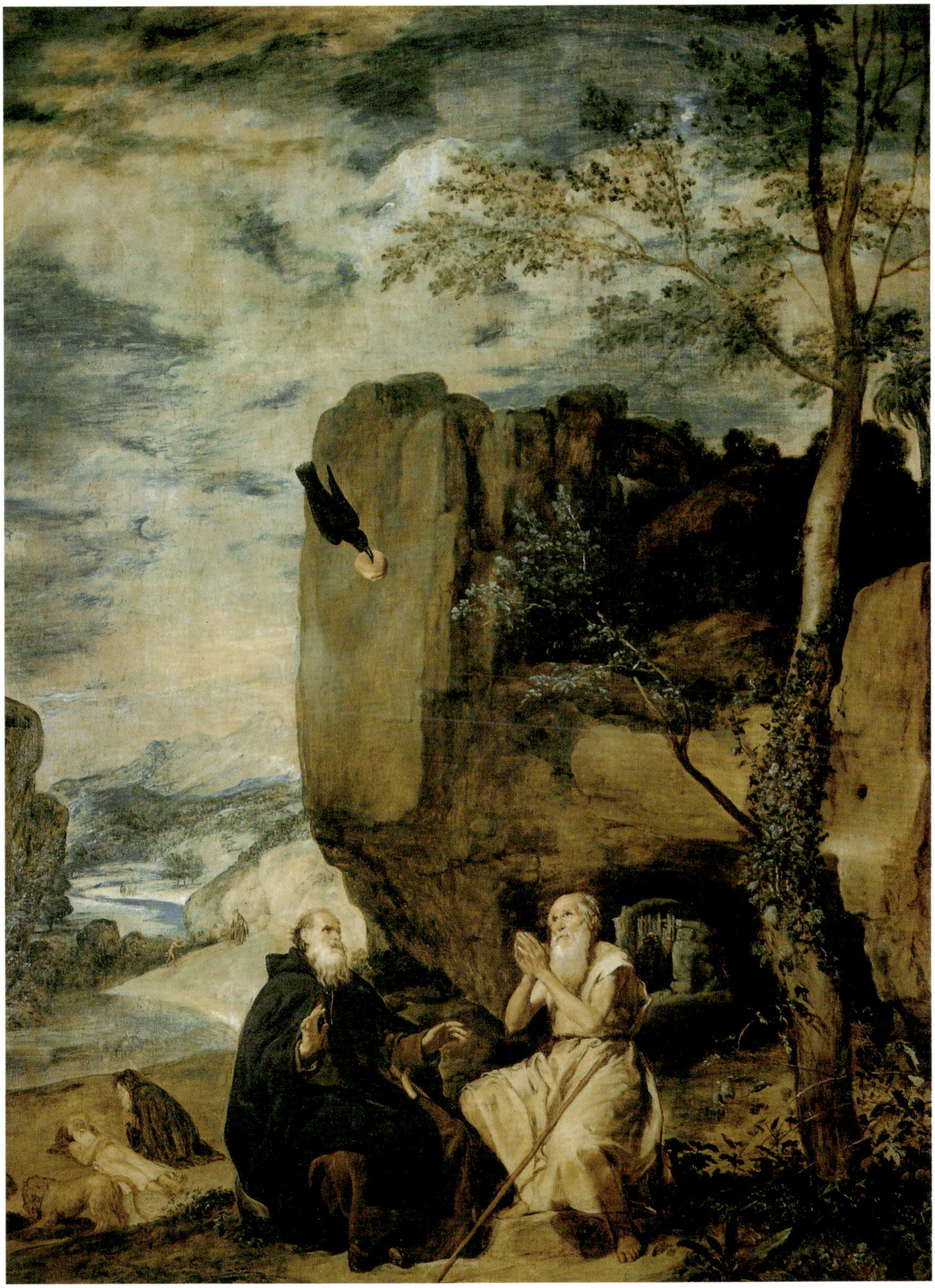

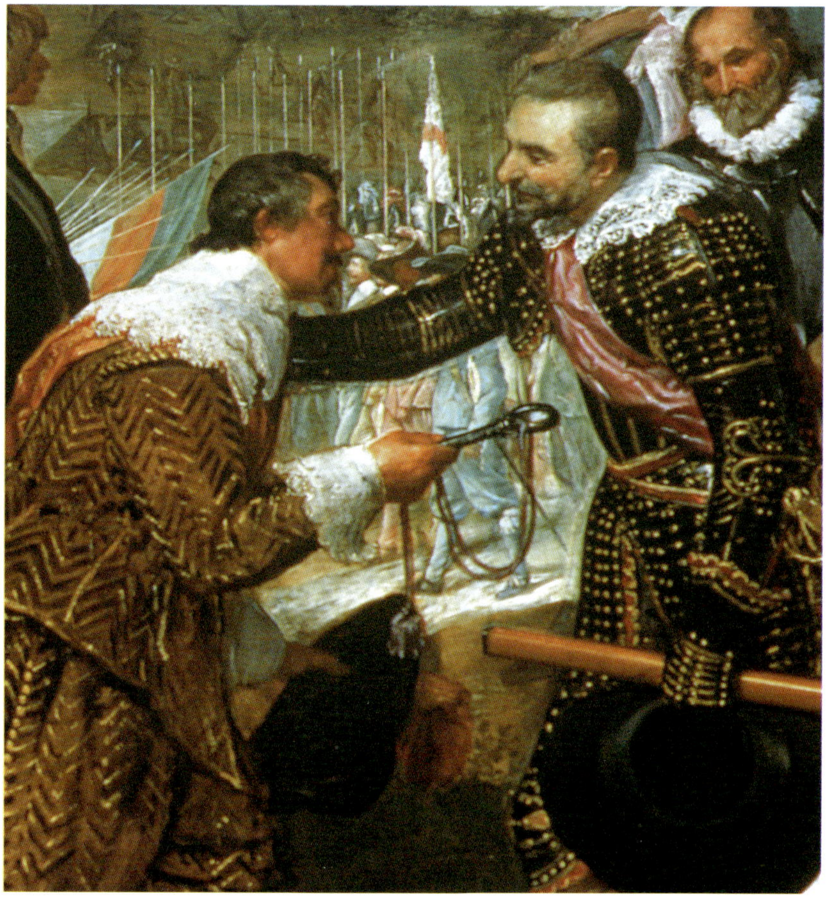

Las lanzas
o La Rendición de Breda
Detalle

Con una mezcla de movimiento y acción contenida, el victorioso marqués de Spinola recibe la entrega de la llave de la ciudad de manos de Justino de Nassau, consolando al gobernador derrotado con un gesto que parece todo un compendio del honor y la nobleza españoles.

que Villanueva buscaba lienzos para comprar y con los que decorar el palacio le vendió algunos en un par de ocasiones. Entre éstos se encontraban *La fragua de Vulcano* y *La túnica de José*, aparte de otros adquiridos por el propio artista.

Velázquez se convirtió en el único pintor español de su época con la calidad suficiente para rivalizar con las mejores obras flamencas e italianas. Su aportación a la decoración del Buen Retiro fue con un mínimo de 13 pinturas, entre las que cabe contar 6 cuadros para el Salón de Reinos; la titulada *San Antonio Abad y San Pablo, primer ermitaño*, y, finalmente, un grupo de 6 retratos de bufones.

Un programa de exaltación de la monarquía

El Salón de Reinos estaba considerado la principal estancia oficial del palacio, y su nombre procede de los escudos de armas de los 24 reinos de la monarquía española que decoran la zona abovedada bajo el techo. Su importancia exigió una decoración paralela basada en un criterio de tres grupos de pinturas que loasen el poder y la gloria del monarca, idea esta última que había cobrado un gran auge desde el Renacimiento y con el inicio de Edad Moderna al verse entonces favorecida la exaltación del príncipe. Así, los autores del programa decorativo que idearon las 12 escenas de batallas, los 10 episodios de la vida de Hércules y los 5 retratos ecuestres

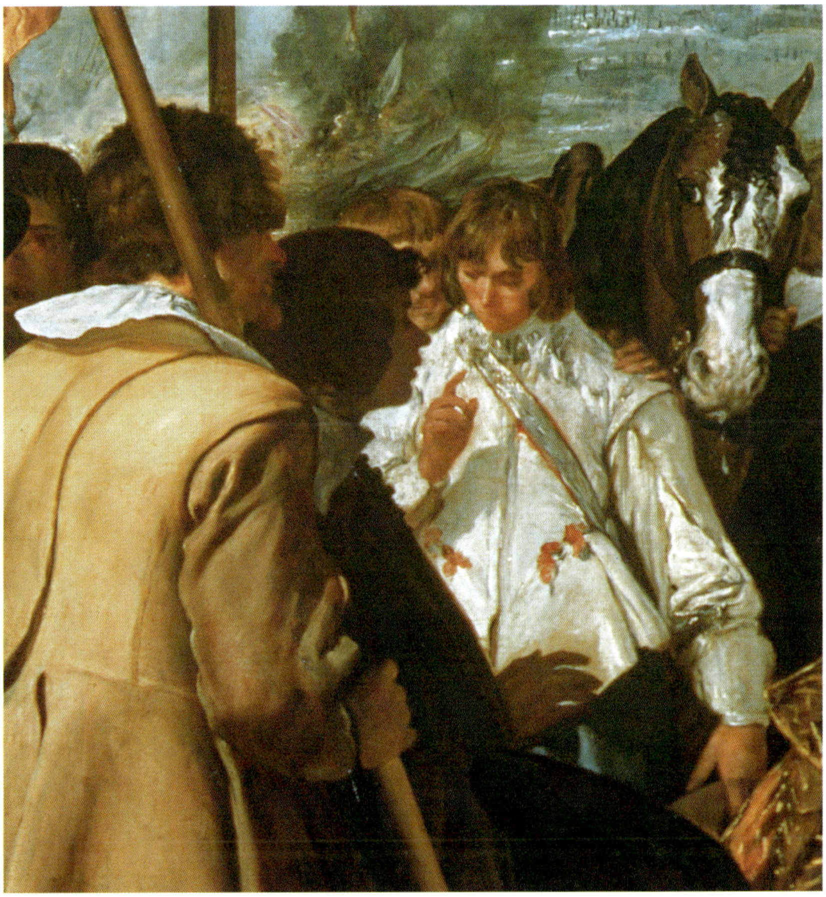

Las lanzas
o La Rendición de Breda
Detalle

Los soldados holandeses, agotados tras el largo asedio de 11 meses, adoptan actitudes más pasivas que los españoles. El joven noble que viste casaca blanca está pintado al modo impresionista, con los rasgos borrosos, en un afán de intensificar la sensación de movimiento.

de reyes realizados entre finales de 1633 y principios de 1635, no hicieron más que evocar ideas tradicionales de la dinastía de los Austria.

La reconstrucción de la instalación original de las obras permitió apreciar la ubicación original de las mismas; de esta forma, los cuadros de batallas estaban situados entre las ventanas del primer nivel; los trabajos de Hércules, encima de esas mismas ventanas, y los retratos reales, en los muros oriental y occidental. Vicente Carducho pintó *La batalla de Fleurus*, *El socorro de Constanza* y *El sitio de Rheinfelden*; Eugenio Cajés, *La recuperación de Puerto Rico* y *La recuperación de San Martín*; Félix Castelo, *La recuperación de San Cristóbal*; Jusepe Leonardo, *La rendición de Jülich* y *El socorro de Breisach*; Juan Bautista Maino, *La recuperación de Bahía*, y Antonio de Pereda, *El socorro de Génova*. Las dos últimas obras, *La defensa de Cádiz*, de Francisco de Zurbarán, y *La rendición de Breda*, de Velázquez, son, sin duda alguna, las más famosas del conjunto. Zurbarán, el único artista que no estaba vinculado a la corte, fue llamado en 1634 a Sevilla, probablemente a instancias de Velázquez, para que se hiciera cargo de este lienzo y del ciclo de las pinturas de Hércules.

Con *La rendición de Breda* o *Las lanzas*, Velázquez conmemoró uno de los pocos episodios afortunados de las armas españolas en la guerra sostenida en el territorio de los Países Bajos contra los protestantes holandeses, expresada en el momento en que el gobernador de la ciudad de Breda, Justino de Nassau, entrega las llaves de

Las lanzas
o La Rendición de Breda
1634-1635, óleo sobre lienzo, 307 × 370 cm
Madrid: Museo del Prado

A diferencia de la mayor parte de los cuadros de batallas contemporáneos, Velázquez no se recreó en la victoria y huyó de la visión panegírica, concentrando la atención del espectador en un primer plano que habla tanto del final de la guerra como del principio de la paz.

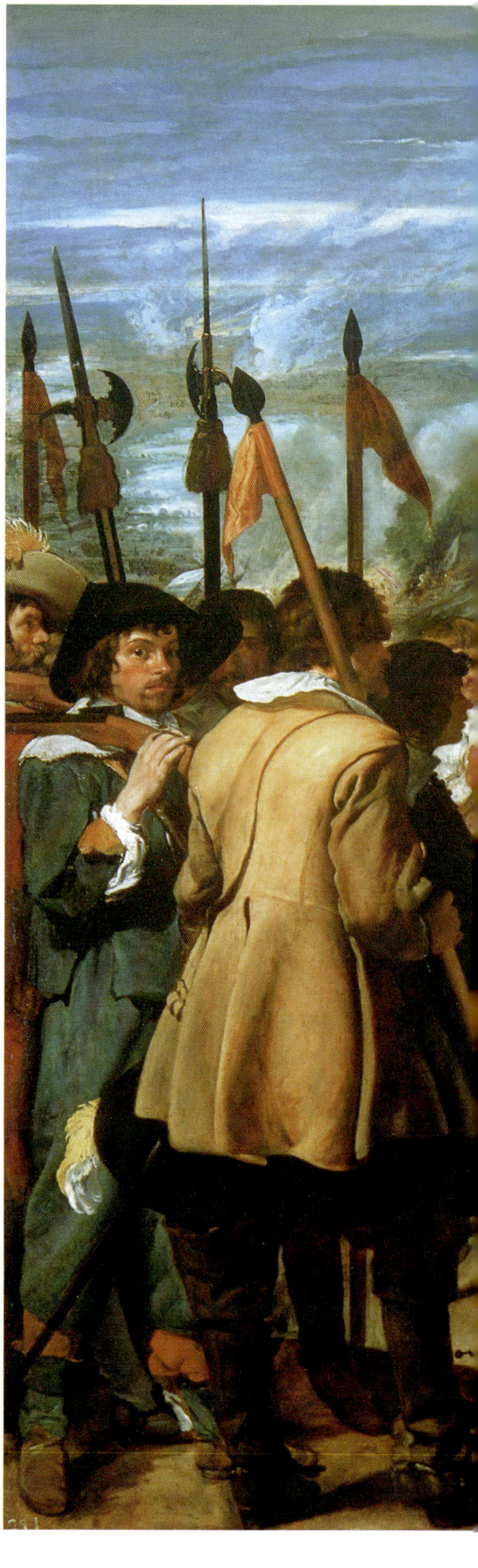

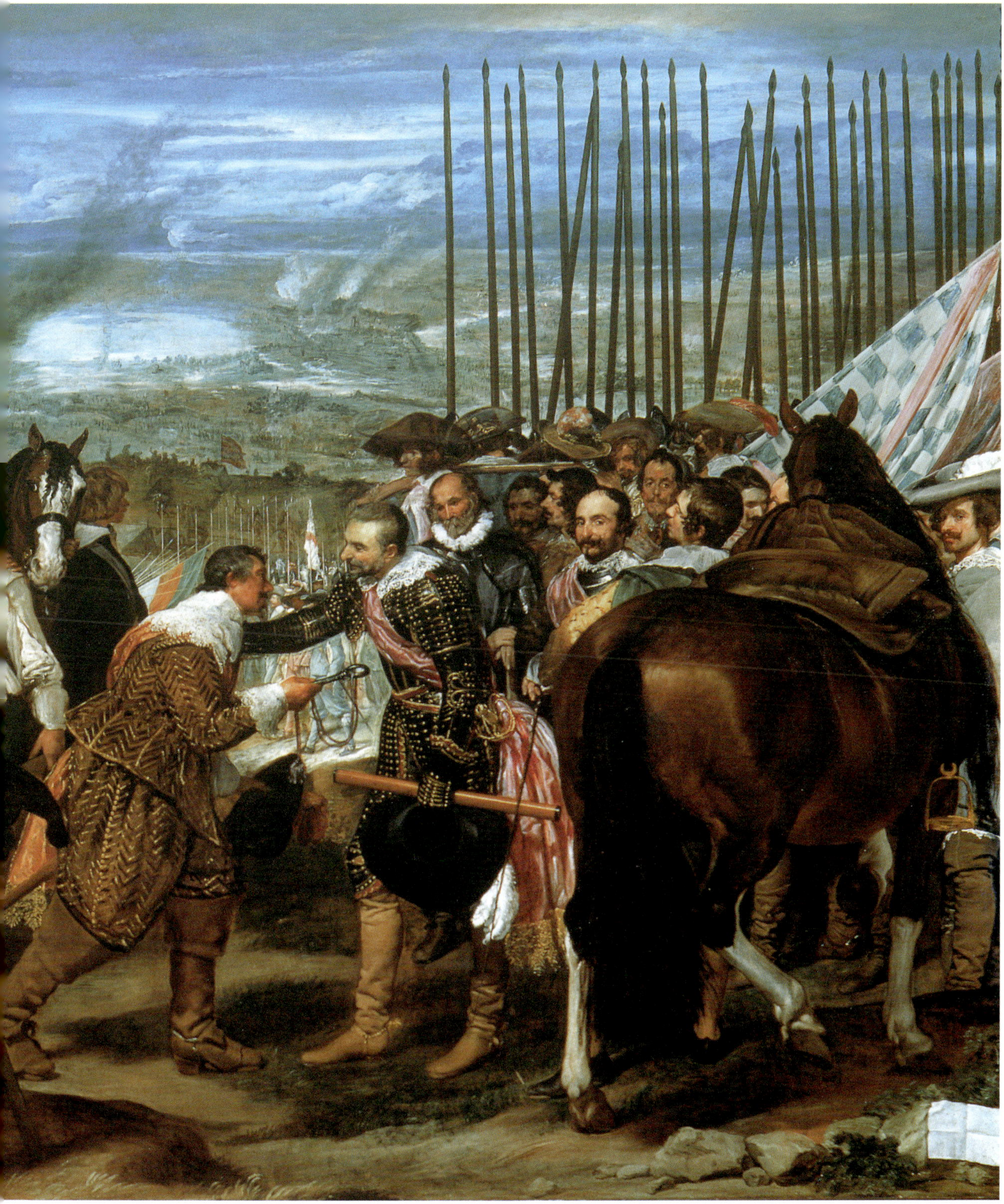

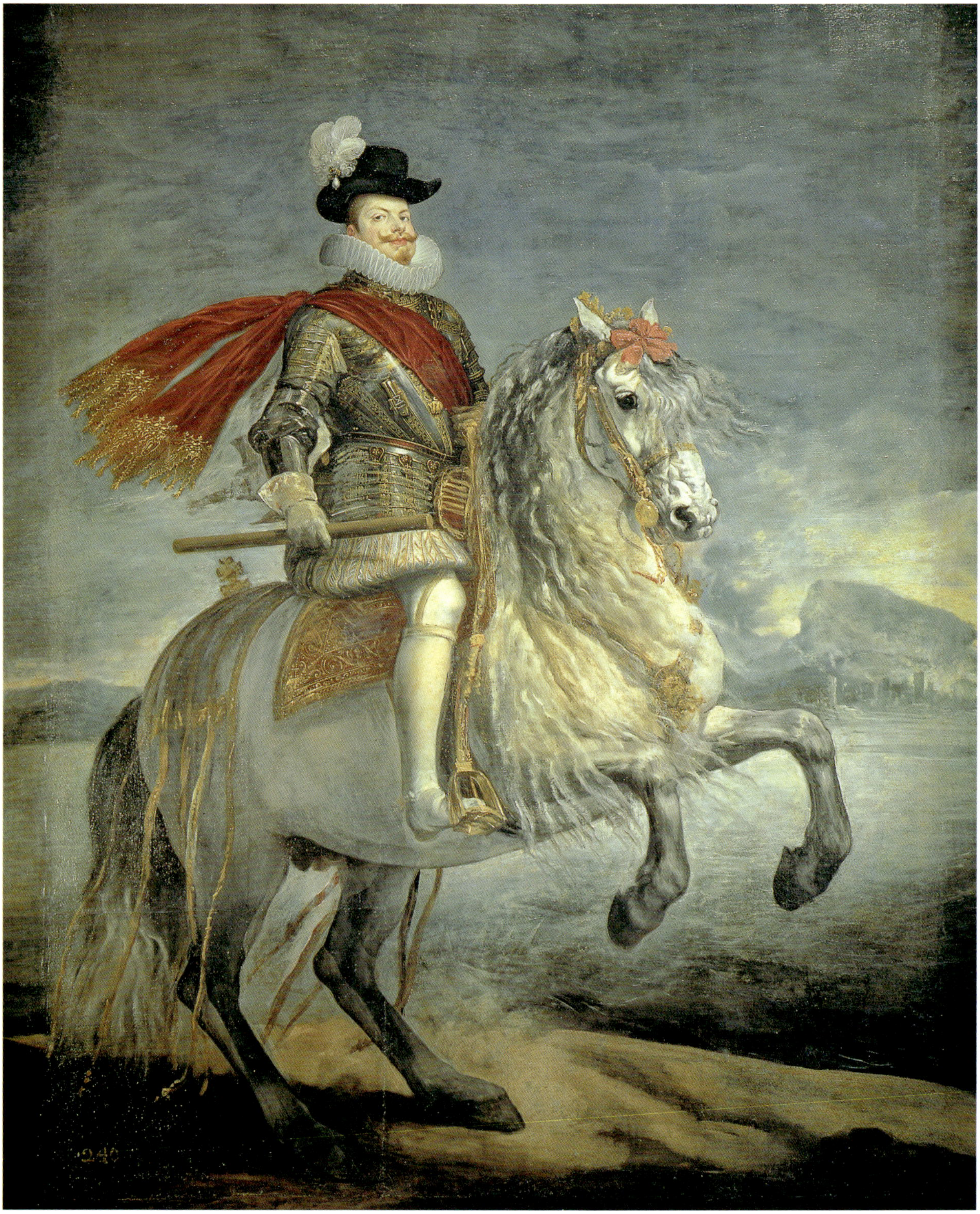

Felipe III a caballo
1634-1635, óleo sobre lienzo,
300 × 314 cm
Madrid: Museo del Prado

Representado como referencia al inmediato precedente de la línea sucesoria, la actitud del rey en corveta sobre el caballo no habla sino de mando y majestad. La amplia gorguera que embute su cuello se ajusta perfectamente a la moda vigente durante la vida del monarca.

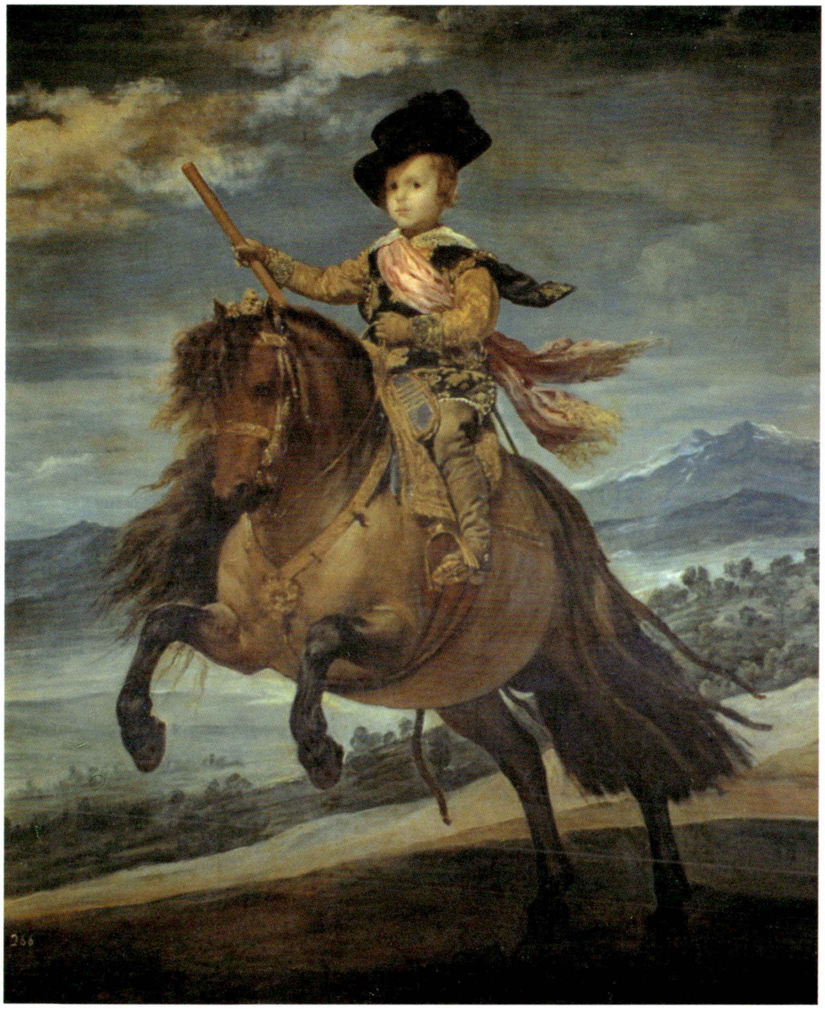

El príncipe Baltasar Carlos a caballo
1634-1635, óleo sobre lienzo,
210 × 175 cm
Madrid: Museo del Prado

La idea de continuidad dinástica con la que jugaba el programa iconográfico del Salón de Reinos del Buen Retiro quedaba expresada en este cuadro, tratándose de un retrato espléndido y unánimemente elogiado por críticos, artistas, historiadores y visitantes del Museo del Prado.

la considerada principal fortaleza de Amberes al general genovés al servicio de España, Ambrosio Spínola. Sin embargo, este último coloca una mano amable sobre el hombro de Nassau, impidiendo que se arrodille y enfrentando de esta forma a los dos protagonistas de forma caballerosa y en condiciones de igualdad. Tras ellos se agrupan los soldados holandeses, escasos y poco caracterizados, y los impasibles oficiales españoles, que con la cabeza descubierta por la solemne ocasión se amontonan alrededor de la bandera detrás del comandante, mientras sus tropas miran por debajo las alas bajas de sus sombreros. Quedan por detrás las lanzas que justifican el título popular del cuadro. A través de estos sutiles detalles, Velázquez hizo de este triunfo del poder militar español una metáfora de la superioridad moral española, que refleja la gloria del monarca, bajo cuyo reinado Spínola mandó a sus tropas. Al fondo se extiende un amplio paisaje, bien interpretado en sus características pese a no ser conocido de forma directa por el pintor, quien sin duda lo hizo inspirado en alguno de los numerosos grabados existentes sobre las victorias militares de Carlos V, al menos en cuanto a la escena representada.

Pablo de Valladolid
h. 1636-1637, óleo sobre lienzo,
209 × 125 cm
Madrid: Museo del Prado

En este ingenioso retrato, la actitud del representado expresa el estilo de los actores de teatro españoles, uno de los géneros favoritos de Felipe IV. Así, la atmósfera mágica y artificiosa de un escenario parece hallarse bajo los livianos pies del carismático bufón.

La serie de los retratos ecuestres está formada por *Felipe III* y *Margarita de Austria*; *Felipe IV* e *Isabel de Borbón*, y, por último, *El príncipe Baltasar Carlos a caballo*, ubicado entre los retratos de sus progenitores. Al parecer, sólo el retrato de este último y el de Felipe IV son enteramente de Velázquez, interviniendo en la ejecución de los restantes la mano de sus ayudantes. En el del monarca, el pintor rechazó la pintura alegórica de los grandes retratos ecuestres de Tiziano y Rubens, que conocía perfectamente, para realizar una representación directa del rey en una posición de estricto perfil. Con los atributos propios de capitán general (banda roja, armadura y bastón de mando), Felipe IV monta un caballo que domina con la izquierda, mientras el animal realiza un difícil ejercicio ecuestre de alta escuela, demostrativo en la relación del jinete y el caballo el poder del soberano y su capacidad de mando. Así, la composición de Velázquez comunica un sentido de monumentalidad, aunque no tiene nada de colosal o de pompa artificial. El retrato del príncipe sigue prácticamente el mismo esquema lejano a la alegoría. La postura del caballo es reflejo de un tipo convencional muy frecuente en grabados de los siglos XVI y XVII, y su abultada y redonda panza es el medio de compensar la altura a la que originalmente estaba colocado el lienzo. Velázquez supo sacar partido de esta circunstancia para sus fines expresivos y realizó la representación ecuestre del joven heredero con una gran perspectiva. Tanto el uno como el otro están considerados como obras maestras de su autor, quien utilizó una técnica más suelta por el gran tamaño de ambos lienzos y por el hecho de estar concebidos para ser vistos desde abajo, y en ambos también consiguió dar Velázquez la impresión de una atmósfera fría e invernal. De esta forma, en el Salón de Reinos, convertido en el más explícito alarde de poder de su reinado, Felipe IV y su artista se mantuvieron alejados del aparato de la gloria y permanecieron fieles a los ideales de una época pasada.

La serie de los bufones

En relación a los retratos de bufones, que decoraron juntos una parte del palacio del Buen Retiro y cuya datación no puede establecerse de forma concreta e inequívoca, se trata de unos personajes que fueron muy populares en la corte española en su función, junto a los enanos, de compañeros de juegos de los príncipes o en la de procurar diversión a la corte con sus chistes y agudezas, para así romper algunos formalismos de la moda y de la etiqueta. Su categoría dentro del organigrama del palacio real no significó retratísticamente menosprecio alguno por parte de Velázquez, aunque es del todo cierto que en ellos aplicó sus más atrevidos experimentos tanto técnicos como estilísticos. Sin embargo, no es sólo la audacia del pincel con la que captó a los representados su más alto grado de interés, sino que son también importantes los matices psicológicos que de estos modelos tan poco atractivos consiguió reflejar.

Gracias al inventario del palacio, se puede deducir que de los seis que realizó en aquella ocasión, el de *Pablo de Valladolid*, *Don Juan de Austria* y *Cristóbal Castañeda y Pernia* son seguros, mientras que *El portero Ochoa* es conocido sólo en una copia; *Cárdenas, el bufón torero* desapareció por completo, y *Calabazas* es para unos identificable con un retrato que se encuentra en Cleveland y otros no aseguran tal atribución. El mismo inventario permite ubicarlos hacia el ala meridional, donde estaban los aposentos de la reina, y también los vio juntos en una escalera de esa zona del palacio Antonio Palomino, quien llegó por primera vez a Madrid en 1678. Del conjunto destacan los tres primeros, especialmente el retrato del bufón *Don Juan de Austria*, representado por Velázquez en una postura marcial, con una mano en la espalda y la otra sobre un bastón y una expresión burlona en su rostro para subrayar así su malicioso sentido del humor, y el de *Pablo de Valladolid*, que se considera una de las obras más audaces de Velázquez por su radical anulación de la ilusión de pro-

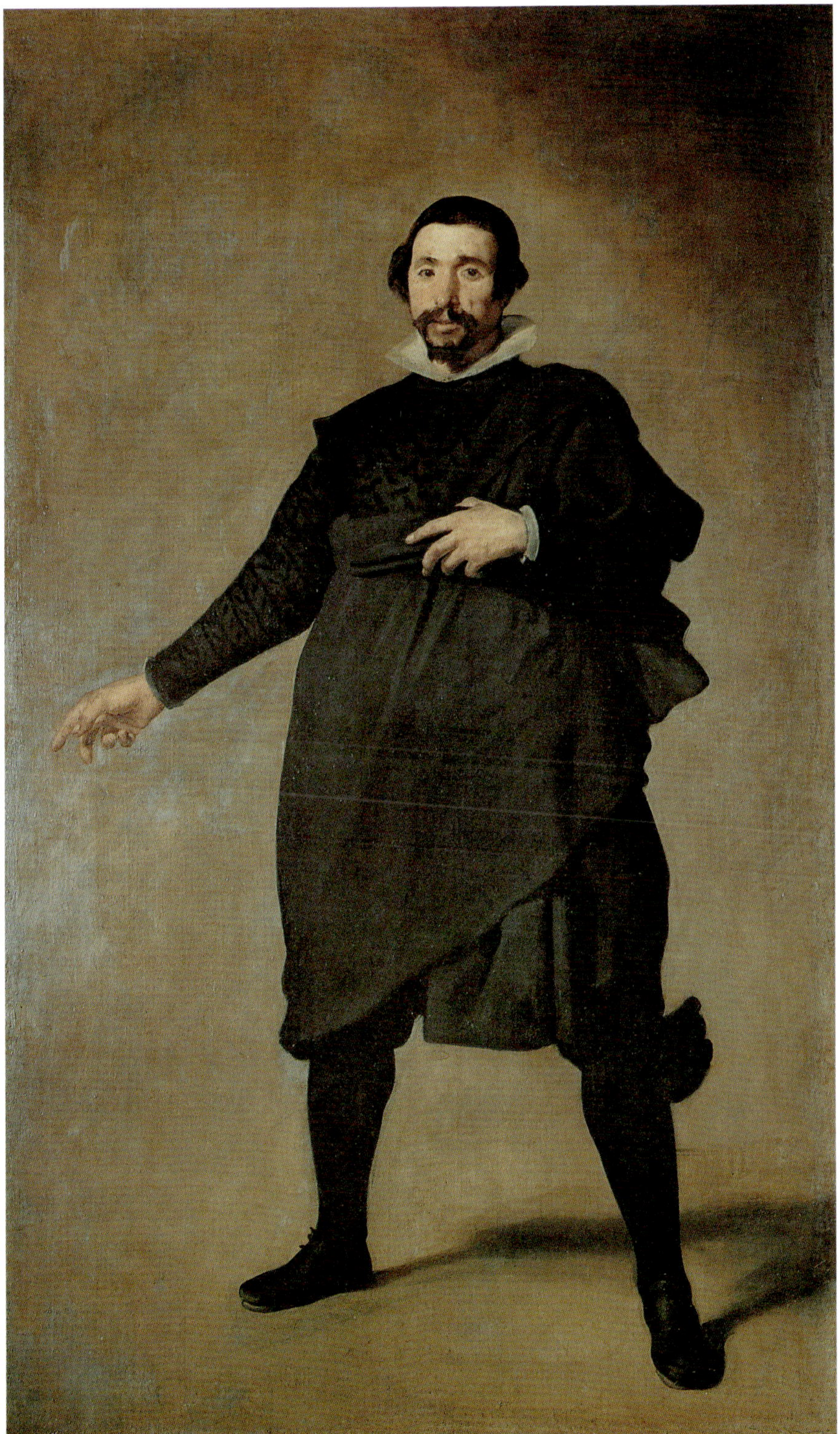

Retrato ecuestre del conde duque de Olivares
h. 1634-1635, óleo sobre lienzo, 313 × 242 cm
Madrid: Museo del Prado

Prueba del poder de su modelo, nadie que no hubiera alcanzado una posición privilegiada en el seno de la corte hubiese osado hacerse retratar gobernando un caballo en corveta, en una posición muy semejante a la de su rey y expresiva, por tanto, de su poderío y mando.

fundidad conseguida a través de la perspectiva lineal y juzgada por Manet como quizás «el más asombroso ejemplo de pintura de todos los tiempos».

El conde duque de Olivares

Dentro de la trayectoria artística de Velázquez, no sólo en los retratos de los miembros de la realeza expresó el artista una contenida expresión de majestuosidad, sino que esta característica también es apreciable en los del conde duque de Olivares, personaje cuya autoridad no era discutible, pero quien, en última instancia, dependía del rey. Además, ocupaba un lugar secundario en la jerarquía de la nobleza, ya que pertenecía a una rama menor de la casa de Guzmán, encabezada por los duques de Medina Sidonia. Esta condición le hizo ser siempre considerado como un advenedizo, y para consolidar su prestigio y defender su política y su persona recurrió a una serie de mecanismos propagandísticos, entre los que cabe citar los retratos realizados por el propio Velázquez durante el primer período de su estancia en la corte, ya citados. Sin embargo, con la oposición política contra el conde duque surgida hacia la década de 1630, cada vez menos consistente, Velázquez también cambió la orientación pictórica de este personaje y se alejó de la prudencia de aquellas obras.

Olivares se hizo retratar dos veces junto a la miembros de la familia real, siendo una de estas ocasiones en *La recuperación de Bahía*, cuadro de Juan Bautista Maino para el Salón de Reinos. En el mismo, el conde duque aparece como el responsable más directo de las victorias del rey, compartiendo sin prejuicio alguno el protagonismo con Minerva, la diosa de la guerra. En el segundo, titulado *La lección de equitación del príncipe Baltasar Carlos*, o bien *El príncipe Baltasar Carlos en el picadero*, la escena representada tiene lugar en el exterior del Buen Retiro, junto al Cuarto del Príncipe, donde Baltasar Carlos se dispone a practicar sus habilidades en el juego de ensartar un aro. En el plano intermedio, su instructor el conde duque recibe la lanza de manos de Alonso Martínez de Espinar, el criado del príncipe, para a su vez hacer acto de entrega a su joven pupilo. A su lado esta Juan Mateos, maestro de caza, y al fondo los reyes aparecen como testimonios de tan agradable momento de la educación de su hijo desde un balcón. También hay en el extremo izquierdo un enano, no identificado, pero probablemente miembro también de la casa del rey, quien con su mano señala hacia el centro de la escena. Considerado por los especialistas como anticipación de *Las meninas*, esta opinión está plenamente justificada porque, al igual que en la obra maestra de su último período, Velázquez pintó aquí a una serie de personajes claramente reconocibles en un escenario cuanto menos familiar. No hay nada de banal en el cuadro, sino que todo está estudiado. El hecho de que Velázquez muestre al príncipe en una postura casi idéntica a la de *Felipe III a caballo* lleva implícito el mensaje de que su habilidad como jinete anuncia su futuro éxito como rey de España. Pero sus dotes naturales para la práctica de la equitación requieren una formación, y nadie más apropiado para impartírsela que Olivares, quien una década antes había educado al padre del príncipe en el protocolo real. El cuadro rinde así homenaje al conde duque en cuanto que mentor de reyes, aun ocupando en una estudiada organización de la composición un teórico segundo plano.

No existe nada de sutileza, sin embargo, en la segunda imagen de Olivares realizada en esa década. Se trata del grandioso *Retrato ecuestre*, considerado uno de los más bellos de este género de Velázquez y cuyas desmesuradas dimensiones pueden tener su explicación en la citada importancia o vanidad del retratado. Desde un punto de vista histórico presenta, sin embargo, grandes contradicciones. Fue realizado en la época en que España y Francia entraban en guerra, y representa a Olivares en el auge de su triunfo, mientras que en la realidad su prestigio se estaba hundiendo. Ni una sombra de fracaso campea en la arrogante postura del valido,

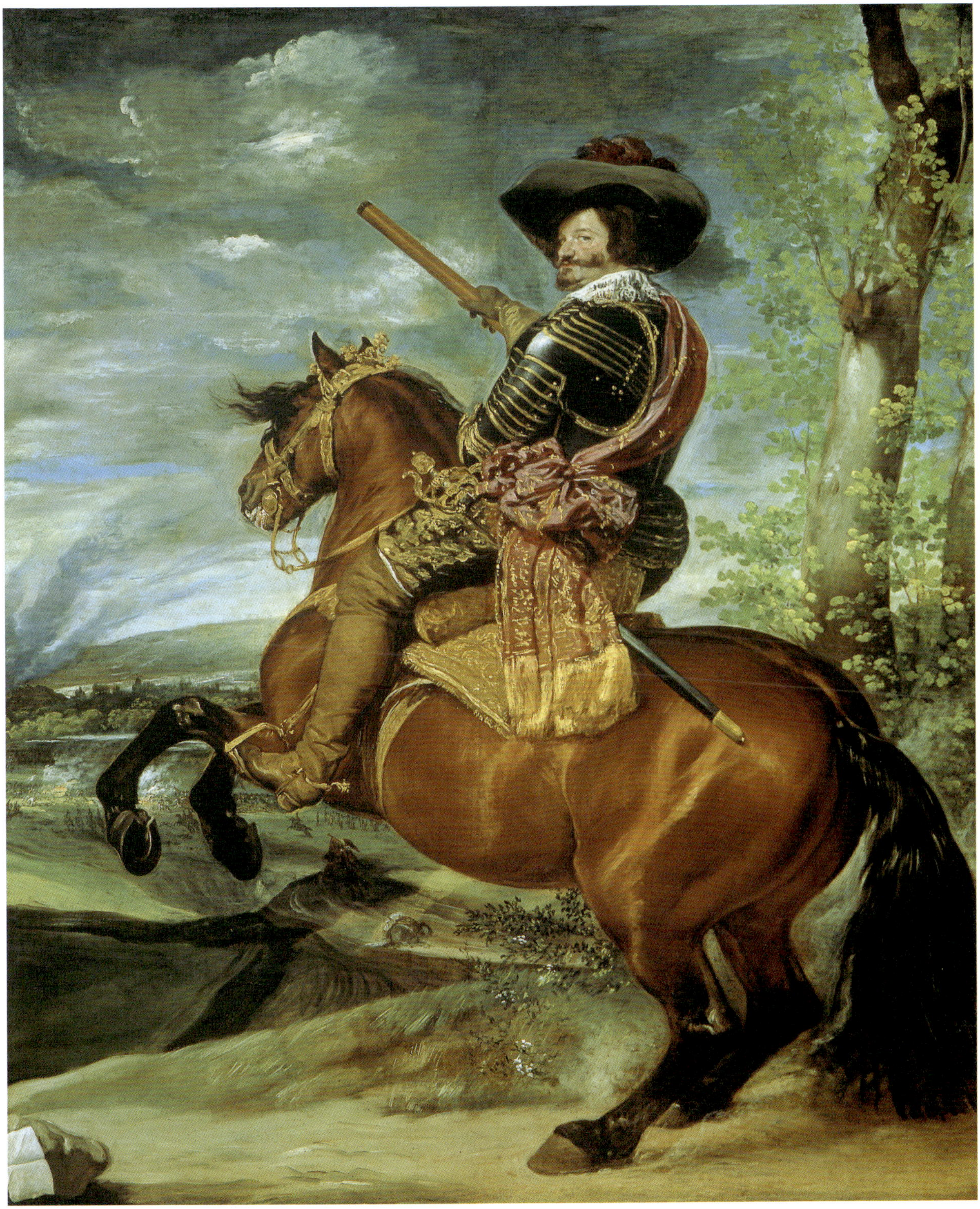

Retrato ecuestre del conde duque de Olivares
Detalle

El detalle de la banda a título de enseña de capitán general, que cuelga desde el hombro y resalta por encima de la brillante armadura negra y los pantalones de montar con bordado de oro del conde duque, da prestancia a su figura y otorga fuerza simbólica al cuadro.

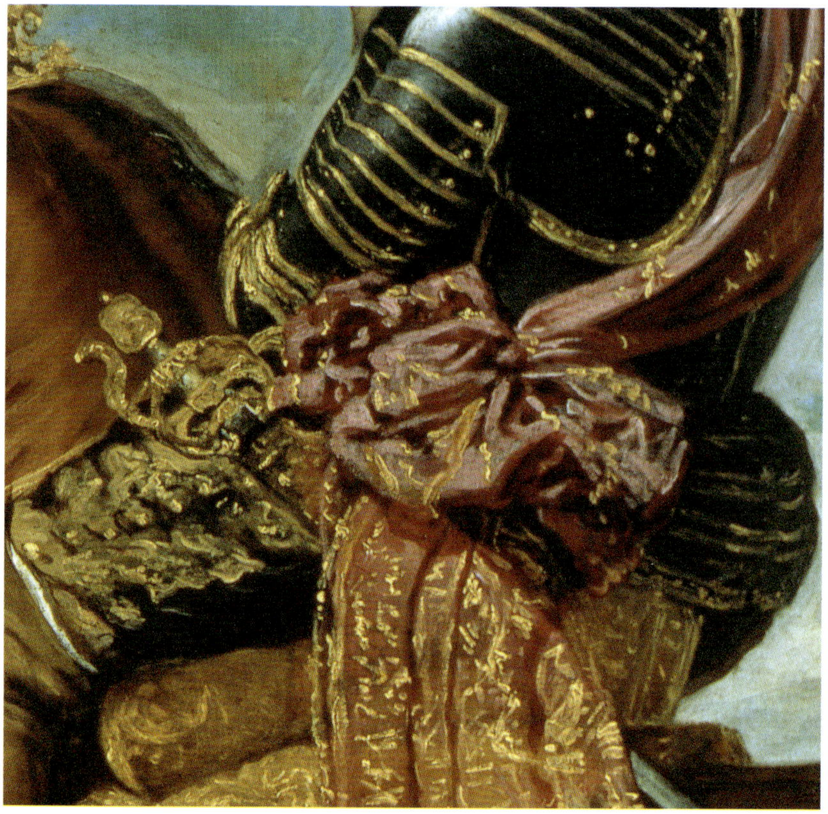

cuya mirada vencedora parece hacer referencia al fondo de la tela que evoca la batalla de Fuenterrabía (1638), donde el conde duque derrotó al Gran Condé y cosechó así la única victoria militar de su régimen que podía presentar como propia. Olivares, cuyo rostro transmite la mirada de quien se sabe seguro y valeroso, viste en actitud de mando una reluciente y damasquinada armadura negra y pantalones de montar con bordado de oro, y lleva sobre el hombro una banda roja a título de enseña de capitán general, exagerada en tamaño e importancia para conmemorar su papel como caudillo victorioso. Monta un hermoso caballo representado con las manos alzadas, como si estuviera al frente de un grupo de tropas que va a unirse a la batalla cuyo estrépito se adivina a lo lejos.

En otro retrato, realizado hacia 1637-1638, se adivina el gesto de quien había empezado a perder su indiscutible poder político. El abatimiento reflejado en este cuadro tendría su concreta razón en enero de 1643, una vez liberado de todas sus responsabilidades, y en su muerte, acaecida dos años después.

La Torre de la Parada

Con esas obras no se agota el conjunto de encargos reales que recibió Velázquez durante la década de 1630. Poco después de la finalización del Buen Retiro, se inició el importante proyecto constructivo de la Torre de la Parada, bajo cuyo nombre era conocida una pequeña residencia privada situada en la reserva de caza del palacio del Pardo que, como su nombre indica, era un lugar en el que el rey y su

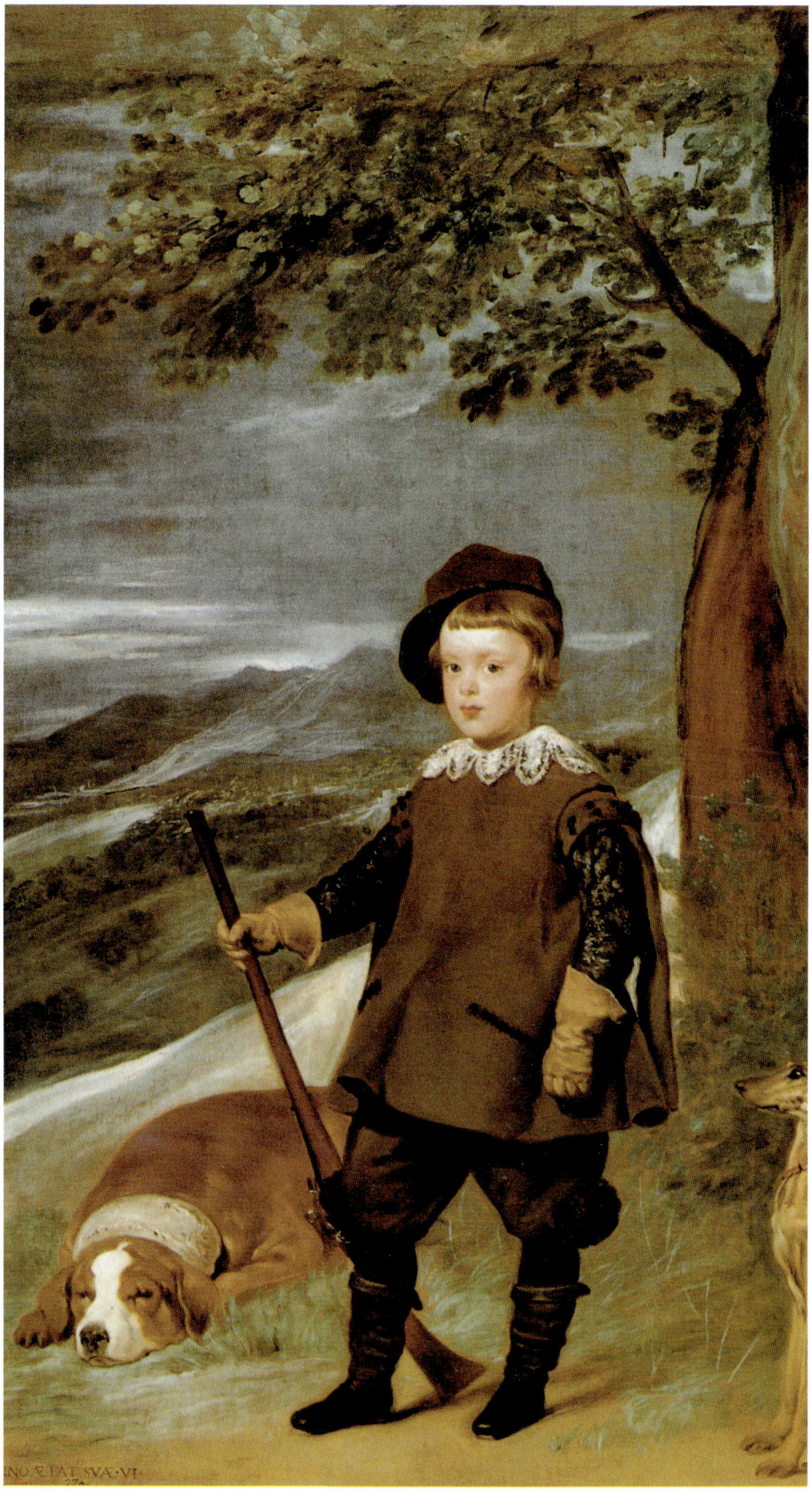

El príncipe Baltasar Carlos cazador
h. 1635, óleo sobre lienzo, 190 × 103 cm
Madrid: Museo del Prado

La caza constituyó una de las primeras asignaturas del programa educativo del joven príncipe, tal y como correspondía a su estirpe real. Por ello contó desde muy niño con un equipo apropiado, del que también formaba parte el arcabuz que sostiene con la mano derecha.

séquito podían detenerse a recuperar fuerzas durante la jornada dedicada a tan agotadora actividad. En 1635 se decidió ampliar una torre que ya existía en el lugar, finalizándose la totalidad de la construcción dos años después. Para entonces se tenía ya preparado el programa decorativo, consistente en una serie de unos 60 lienzos encargados a Rubens y su taller, con escenas de la *Metamorfosis* de Ovidio, y un número parecido de escenas de caza y de animales de Frans Snyders. De los 15 cuadros que decoraban la denominada Galería del Rey, en la que se rendía homenaje a la destreza de Felipe IV en el arte cinegético y estaba considerada como un complemento del Salón de Reinos, 6 de las obras eran piezas de caza y de las 9 restantes, también 6 estaban dedicadas a las cacerías reales. Con la excepción de una, todas fueron obra de este último artista, documentando algunas de ellas hechos auténticos ocurridos durante dichas jornadas.

La contribución a la ornamentación del lugar por el propio Velázquez fue el lienzo conocido por el nombre de *La Tela Real*, obra ciertamente curiosa dentro de la trayectoria artística del artista, por cuanto también recoge un momento verídico, es decir, una especie de batida del jabalí, celebrada dentro de un recinto acotado por una lona hacia el que se llevaba a los animales. Al lado había otro recinto menor, conocido como la *contratela*, donde se reunía a los jabalíes para que los hombres a caballo pudieran cazarlos utilizando como arma de captura unas horquillas. En el cuadro, la escena del rey preparado para enfrentarse con el animal está representada por un pequeño grupo situado en la parte derecha de la contratela, mientras que desde unos carruajes observan el acontecimiento la reina y otras damas de la corte.

Otras pinturas que completaban el ciclo de la Galería del Rey son los retratos realizados por Velázquez de Felipe IV, su hermano Fernando y el príncipe Baltasar Carlos, todos ellos, naturalmente, en traje de cazador. Sorprende en los mismos su enorme modestia, pues tan sólo los rostros indican que se trata de miembros de la familia real. El modelo de esta falta de presunción puede hallarse en Tiziano, quien de un modo muy parecido retrató al emperador Carlos V. En el de *Felipe IV cazador*, muy retocado, el rey viste un sencillo traje castaño oscuro, tonalidad con la que armonizan el resto del cromatismo de la obra. A los pies del monarca figura un perro de caza, realizado en unas pinceladas sueltas que hacen que el animal casi parezca vivo. Se trata de la misma técnica utilizada para pintar el cuadro titulado *Cabeza de venado*, magnífica representación de la pieza de caza favorita del rey que, aunque no sabe a ciencia cierta si estaba relacionado con la Torre de la Parada, sí lo está en cambio con el tema cinegético. En el del *príncipe Baltasar Carlos*, el más atractivo de los tres lienzos, la pequeña figura del representado permitió a Velázquez concentrarse más en el paisaje del fondo, que es una amplia vista de la sierra en tonos gris pizarra, verde oscuro y castaño claro. El gran perro que descansa un poco más atrás constituye prácticamente un contrapunto a la elegante figura del incipiente cazador. En cuanto a *Retrato del cardenal infante Fernando*, destacan los grises y los ocres, contrastados con algunas pinceladas de verde claro y las tonalidades de la montaña del fondo.

El encargo realizado a Rubens de las ilustraciones sobre la *Metamorfosis* de Ovidio inspiró la creación de otras obras sobre asuntos clásicos que se vieron traducidas en tres pinturas mitológicas que Velázquez realizó en la década de 1630 destinadas también al parecer, debido principalmente a sus estrechas y altas dimensiones, al mismo lugar. Dos de esos lienzos son retratos de cuerpo entero de dos filósofos de la Antigüedad, *Esopo* y *Menipo*, planteados como respuesta a la pareja de *Demócrito* y *Heráclito* de Rubens que colgaban en una estancia del edificio. La tercera y última de las mitologías de Velázquez es la de *Marte*, sentado prácticamente desnudo sobre una amplia tela roja, con un paño arrollado a la cintura, un casco desabrochado en la cabeza y la armadura a sus pies. La expresión perpleja y la pose indolente de este antiguo dios de la guerra han dado pie a múltiples inter-

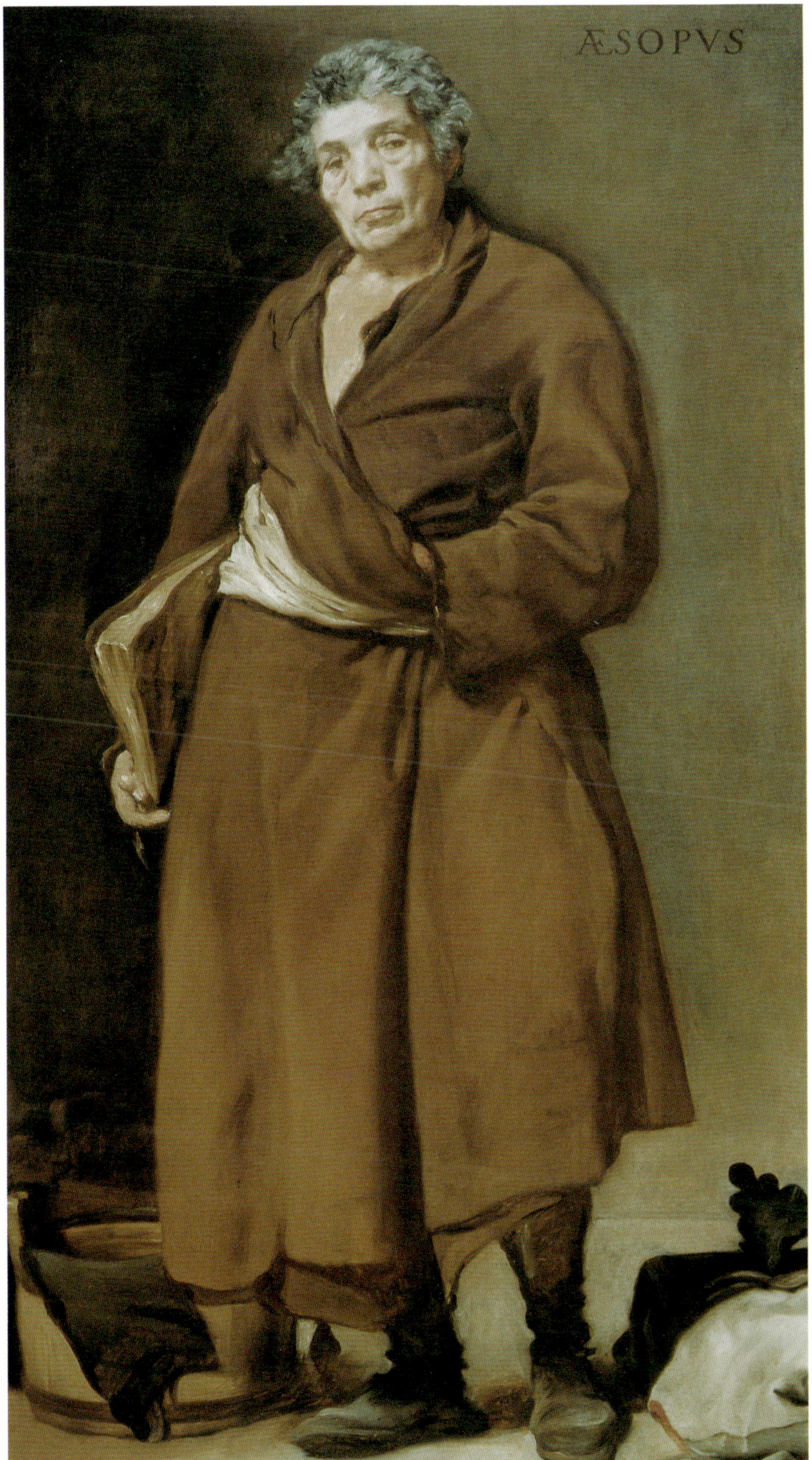

Esopo
1639-1641, óleo sobre lienzo,
179 × 94 cm
Madrid: Museo del Prado

Al margen de los valores puramente pictóricos, esta obra sorprendió en su momento una vez se comprobó cuán adecuado resultó por parte de Velázquez el representar como un hombre harapiento, cansado y rendido, pero de mirada orgullosa y porte verídico, al célebre filósofo.

Marte
entre 1639 y 1641, óleo sobre lienzo,
179 × 95 cm
Madrid: Museo del Prado

Considerada como una de las obras en las que el artista expresó mejor la mirada crítica y personal que solía aplicar a los temas mitológicos, demostró además en ella no sólo su capacidad para construir imágenes llenas de connotaciones, sino también su maestría técnica.

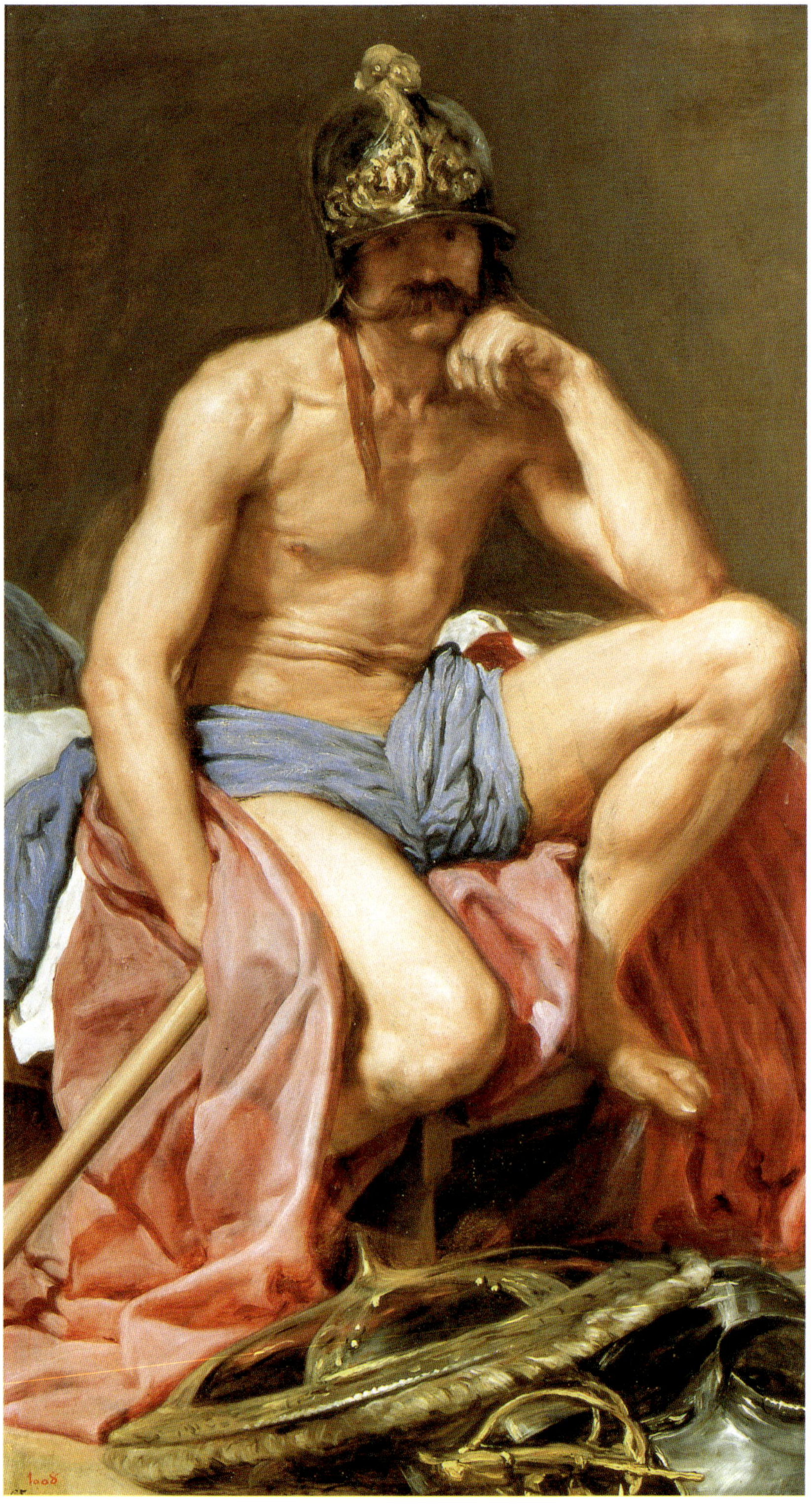

pretaciones sobre su abatido aspecto, pero una vez visto el cuadro, impera sobre todo la idea de hallarse ante la magistral reducción de un dios a forma humana.

Retratos e imágenes

Las pinturas para el Buen Retiro y la Torre de la Parada muestran a un Velázquez en una vía de plenitud como pintor oficial, aunque la idea de reflejar para la posteridad a la monarquía y miembros allegados al aparato burocrático tanto en la guerra como en el ocio fue sólo una parte de una amplia actividad realizada durante la fecunda década de 1630. Efectivamente, durante dicho período realizó también tanto retratos formales como informales, además de un importante grupo de obras cuyos temas están inspirados en fuentes bíblicas o de la Antigüedad clásica.

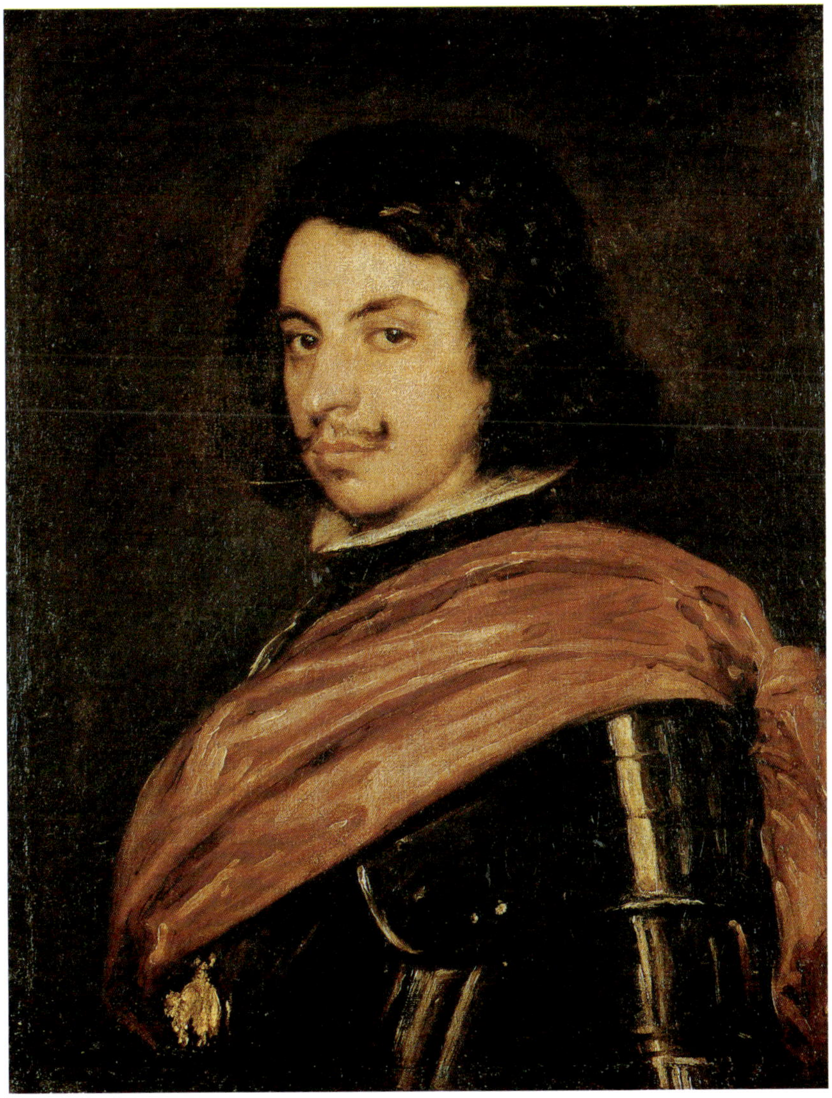

Francesco II d'Este, duque de Módena
1638, óleo sobre lienzo, 68 × 58 cm
Módena: Galería y Museo Estense

El duque de Módena fue para la paleta de Velázquez un extranjero de alta distinción. Este retrato de medio cuerpo muestra al joven noble italiano, de altiva presencia, a quien tanto le gustó el cuadro que, al margen de sus honorarios, demostró su aprecio al pintor con el obsequio de una cadena de oro.

Juan Martínez Montañés
1635-1636, óleo sobre lienzo,
109 × 83,5 cm
Madrid: Museo del Prado

Escultor sumamente consciente de su dignidad intelectual, Martínez Montañés dejó muchas pruebas de un orgullo profesional que cuadran muy bien con la imagen de artista autosuficiente que Velázquez trasmitió con este lienzo, apoyándose principalmente en su resuelta mirada.

El conjunto de los retratos formales está encabezado por los que tienen como sujetos al matrimonio formado por *Antonia de Ipeñarrieta* y su segundo esposo *Diego de Corral y Arellano*. El retrato de ella, persona de quien ya se ha explicado su primera toma de contacto con Velázquez en 1624, muestra una excelente factura en la realización de la cabeza y cuello. La ausencia de los hábiles toques del artista en el traje y la figura del hijo que la acompaña sugiere la intervención de otras manos, dato del todo probable si se tiene en cuenta que este cuadro fue pintado después de 1631 y que por aquellas fechas el taller de Velázquez era sumamente activo.

Otro retrato de cuerpo entero encargado por particulares fue el *Don Pedro de Barberana y Aparregui*, personaje de cierta importancia en la corte que fue admitido, tal y como hace ostentación la obra, en la Orden de Calatrava. Velázquez neutralizó en este cuadro la ilusión de espacio, a fin de centrar toda la atención en la figura del personaje, potenciando el volumen de la figura y distribuyendo sabiamente la luz para conseguir una presencia viva.

Del retrato del *arzobispo Fernando de Valdés*, uno de los más ambiciosos de este período, tan sólo se conoce por una copia de mediocre calidad, y, de entre los destacados personajes que visitaban Madrid, no se conserva el que realizó de *Marie de Rohan*, duquesa de Chevreuse, quien escapó de la persecución del cardenal Richelieu y permaneció en España desde diciembre de 1637 hasta febrero de 1638, pero sí el de *Francesco II d'Este, duque de Módena*, quien llegó a la ciudad el 24 de septiembre de ese mismo año y permaneció hasta principios de noviembre. En su retrato, la insignia que lleva de la Orden del Toisón de Oro, en la que fue admitido el 24 de octubre de 1638, permite datarlo con gran exactitud, y la calidad abocetada del mismo responde al hecho de que tal vez Velázquez tuvo que ejecutarlo en breve tiempo o de que quizá realizó sencillamente un estudio del natural, a partir del cual daría inicio poco después a un retrato ecuestre de gran tamaño que a la postre nunca consiguió terminar. En el inventario de las propiedades de Francesco de Módena, realizado el 16 de junio de 1685, figuran tres retratos atribuidos a Velázquez, lo cual indica que los embajadores en Madrid del duque siguieron comprando otras obras del artista, aunque sólo fuese para invertir en un valor real la moneda de vellón procedente de las diversas pensiones que el noble italiano había recibido durante aquella visita a España. Uno de estos cuadros es el del *Conde duque de Olivares*, quizás el perteneciente a la Staatsgemäldegalerie de Dresde, y los otros son el de *Juan Mateos*, a quien ya hemos visto representado en el lienzo de la lección de equitación del príncipe Baltasar Carlos en su papel de maestro de caza real, y el del *Caballero de Santiago*, ambos clasificables en aquella categoría de retratos informales.

La dignidad y el merecimiento de respeto con que fue representado Juan Mateos tiene su continuidad en el lienzo que Velázquez realizó de *Juan Martínez Montañés*, a quien conocía desde sus primeros años en el taller de Pacheco. El escultor había sido llamado a Madrid en 1635 para realizar un retrato en busto de Felipe IV destinado al escultor florentino Pietro Tacca, quien trabajaba en una estatua ecuestre en tamaño natural del rey, a fin de que éste pudiese utilizarla como modelo. La versión de Velázquez del artista sevillano, anteriormente dibujado por Pacheco en su *Libro de retratos*, es de gran agudeza y refinamiento. No sólo quiso el pintor esmerarse en el retrato de un compañero de profesión, sino que además el hecho de captar a Montañés en el momento de estar modelando un busto del monarca e ir vestido como un artista-caballero tenía que servir como lectura de elevar la consideración de las artes visuales. Al igual que en otros cuadros de esta década, retocó y remodeló varias veces la composición para suavizar los contornos y los detalles, sin dejar que nada escapara a la maestría de su pincel.

La notable variedad de técnicas es si cabe más atrevida en el excelente retrato del *Bufón Calabazas*, quien murió en octubre de 1639, en el que la visión velazqueña

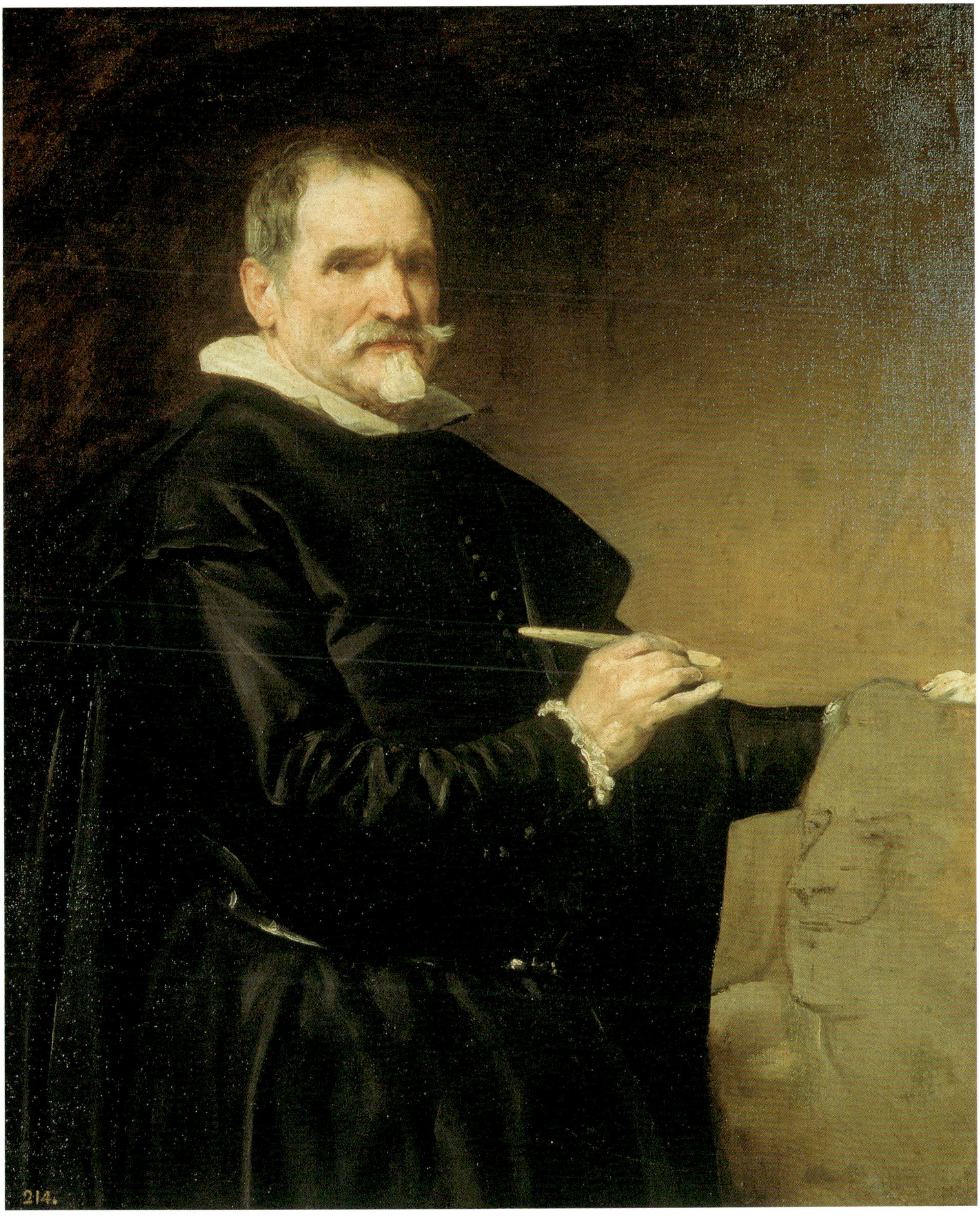
214.

El bufón don Diego de Acedo, «el Primo»
1636-1638, óleo sobre lienzo, 107 × 84 cm
Madrid: Museo del Prado

Don Diego de Acedo compatibilizó su empleo como bufón con otro tipo de oficios, como el de correo real y oficial de la estampilla, lo cual justifica la presencia del enorme infolio que sostiene, sin menoscabo alguno de personalidad, y del recado de escribir depositado en el suelo.

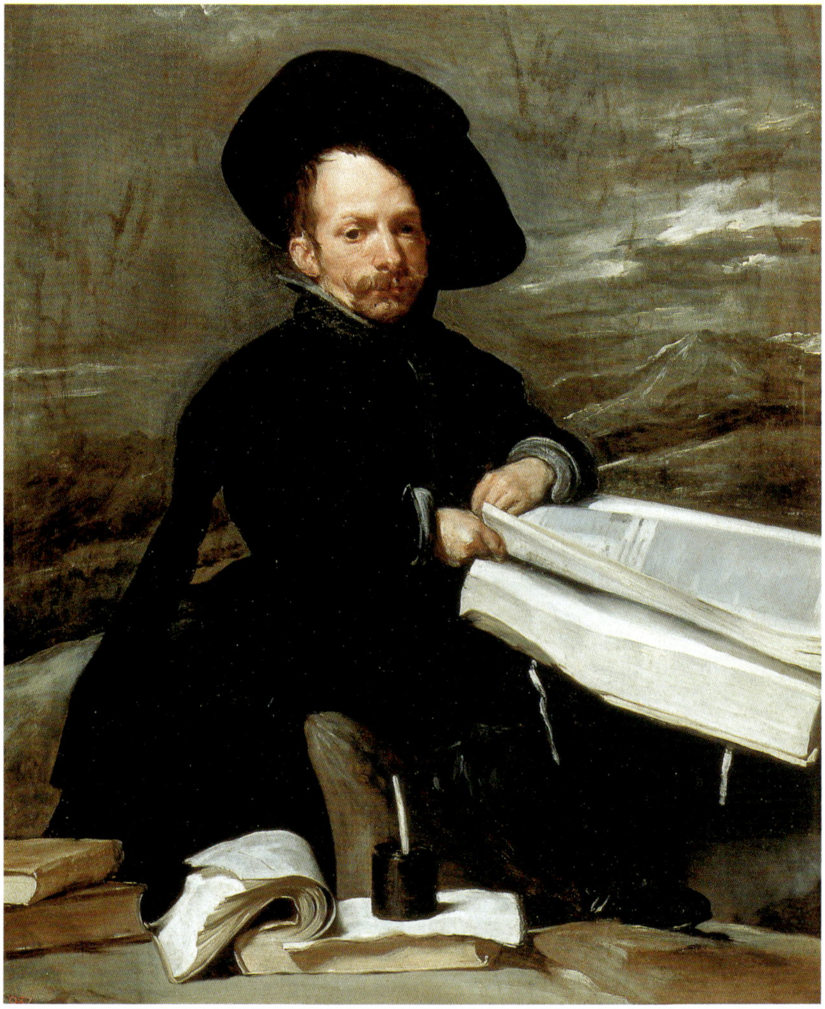

es muy sutil, extrañamente conmovedora y de gran sentimiento. La línea de demarcación del pavimento acentúa el torso enano del bufón, cuya cabeza en una mancha en sombra realizada con densas luces y rodeada en el cuello por una gola de encaje de un blanco muy brillante que contrasta con el verde del vestido. El bufón bizquea con la mirada, la cabeza se le cae para un lado y los dedos de una mano cerrada se aprietan contra la palma de la otra, todo ello presidido por una sonrisa vacía. A ambos lados del personaje figuran las calabazas que le dan el burlón sobrenombre.

Igualmente fechables en los dos últimos años de esta década son dos retratos de enanos, los de *El bufón don Diego de Acedo «el Primo»* y *Francisco Lezcano*, aunque habitualmente suelen ser datados de mediados de la década de 1640. Sin embargo, la referencia a la sierra de Guadarrama que aparece en ambos retratos y el bajo punto de mira desde el que están vistos los dos personajes explica su sumaria ejecución y el hecho de estar pensados para ser colocados encima de una puerta o de una ventana, lo cual induce a su vez a pensar que fueron pintados hacia 1636-1638 para la Torre de la Parada. Velázquez exhibió un gran virtuosismo técnico en

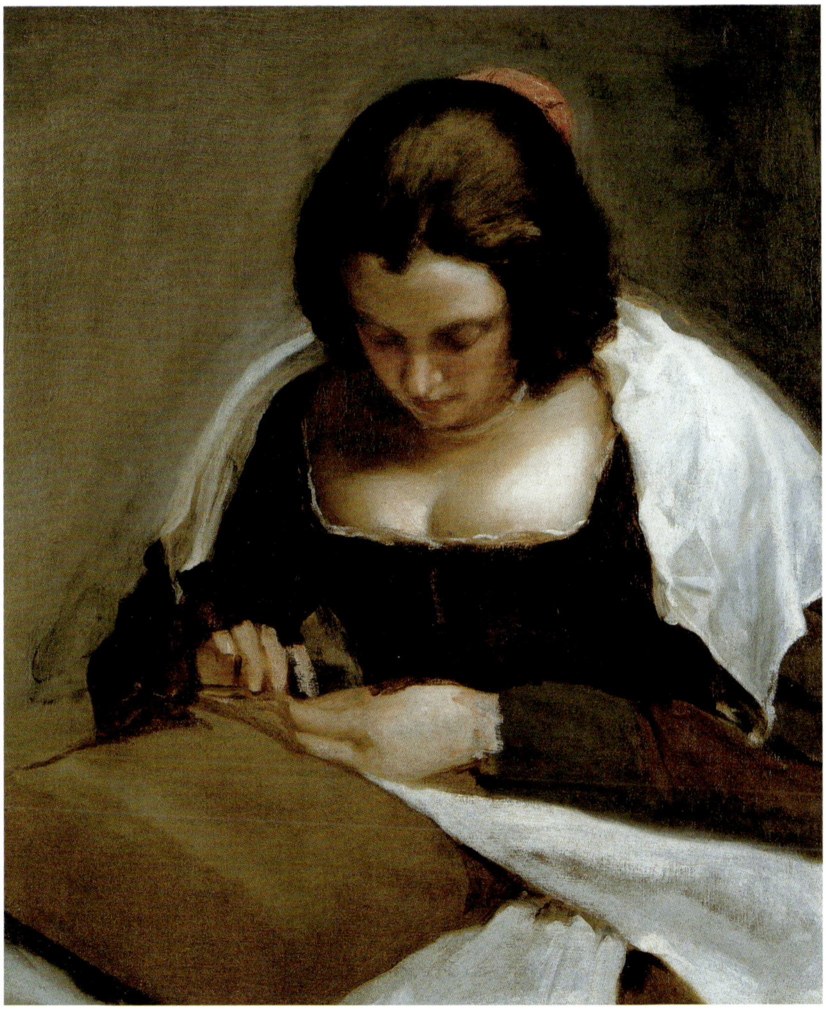

La costurera
h. 1640, óleo sobre lienzo, 74 × 60 cm
Washington: National Gallery of Art

Unánimemente celebrada como otra de las magistrales obras de Velázquez, el momento de la concentrada actitud en que se encuentra sumida la mujer representada permitió al artista desarrollar con inimitable fidelidad la postura de quien se entrega a dicha labor.

ambos, apareciendo el Primo con ánimo pensativo mientras pasa, ausente, las páginas de un libro de gran tamaño, a modo de contrapunto de su diminuta estatura. El lienzo es de tonalidades sombrías, pero aun así el retrato denota una gran fuerza debido a la percepción psicológica del personaje, a quien el pintor mira como a una persona concreta. En el de *Francisco Lezcano*, el enano aparece sentado sobre la roca saliente de una montaña, ambiente que otorga una especie de monumentalidad a su extraña figura. Según el inventario de la Torre de la Parada realizado en 1701, lo que tiene en sus manos es un mazo de cartas, símbolo tradicional de la ociosidad, quizá vinculado a su condición de compañero de juegos de Baltasar Carlos o, de forma más general, a la misión de entretenimiento que cumplía en la corte. Su técnica de apunte es más patente que el anterior, especialmente visible en la representación de las manos, debido a que Velázquez sacó el máximo provecho de la circunstancia de que el cuadro no iba a verse desde cerca.

El más notable de los retratos informales velazqueños de sus escasos personajes femeninos, entre los que la mayor parte data de la década de 1630 y principios de la de 1640, es *La dama del abanico*, cuya desconocida identidad no lo convierte en

Cristo crucificado
h. 1632, óleo sobre lienzo, 248 × 169 cm
Madrid: Museo del Prado

Considerada como una de las obras más reproducidas del Museo del Prado, resultan obvias en ella las razones de su merecida fama. A su excelente rigor geométrico se une uno de los desnudos más hermosos y logrados de la historia de la pintura en una interpretación donde reinan la concentración, la soledad y el silencio.

menos atractivo. El sencillo traje escotado permite entrever una moda de origen francés que la duquesa de Chevreuse popularizó en Madrid durante su visita. A los dos años de su partida de la corte, se decidió prohibir los cuerpos escotados en el vestido femenino, a fin de favorecer la moral pública, decisión que tuvo su refrenda escrita el 13 de abril de 1639 y que, por tanto, estableció el límite de la realización del retrato. El rosario de oro del que pende una cruz y la cinta azul que cuelga sujetando una medalla religiosa permitieron al artista aunar en este caso hermosura y devoción.

Otro ejemplo femenino es el único retrato infantil hecho por el artista y que no está dedicado a la familia real, conocido como *Cabeza de niña*, cuadro inacabado de gran frescura y sencillez. La última obra de este grupo es la titulada *Mujer cosiendo* o *La costurera*, a medio camino entre la pintura de género y el retrato. Se trata de otra obra incompleta, fechada alrededor de 1640, en la que fue efectuando diversas modificaciones a medida que la iba realizando y en la que el rostro denota una gran dificultad pictórica debido a la gran complejidad de pintar los rasgos faciales y luego modelarlos mediante luces y sombras hasta obtener la impresión de la intensa concentración de una mujer que trabaja en una labor que centra toda su atención.

Después de 1630, Velázquez tan sólo realizó dos pinturas de carácter religioso, circunstancia bastante anecdótica para una sociedad tan devota y cristiana, de la que un gran número de obras pictóricas refleja tal condición. Una de ellas es el *Cristo en la cruz*, mencionado por primera vez por Palomino, quien lo vio en el claustro del convento de benedictinas de San Plácido en Madrid, y que probablemente se encargó por expreso deseo de Jerónimo de Villanueva, a quien ya se ha visto al frente de la colección de pintura del palacio del Buen Retiro, a fin de entregarlo a manera de pieza votiva tras un litigio con la Inquisición. La factura de este lienzo sigue las recomendaciones que se hacen en el *Arte de la Pintura*, aunque la obra de Velázquez es en realidad una adaptación de una composición utilizada por Pacheco en la que la figura de Cristo, muy iluminada, se recorta sobre un fondo oscuro. Sin embargo, la obra de Velázquez no es convencional y el exquisito modelado del cuerpo, el detalle de la parte de cabello que cae sobre la mitad derecha del dolorido rostro y el suave resplandor del halo que rodea la cabeza confieren elegancia y dignidad al tema representado, haciendo que el espectador lo contemple con un nudo en la garganta.

La otra obra religiosa que pintó Velázquez, puente de transición entre la cristiandad y la antigüedad, es la denominada *Sibila*, nombre que reciben las antiguas profetisas de Cristo que habían anunciado su llegada a los gentiles y tan famosas desde que las pintó Miguel Ángel en el techo de la capilla Sixtina. Velázquez se atuvo con gran fidelidad a la versión del siglo XVII, en la que se conservó en su representación los vestidos de brillante colorido, pero se redujeron al mínimo los atributos, representados en este caso por el tocado y la tablilla, y cuyo estilo permite datarla hacia 1630.

Durante la década de 1640, además de iniciarse un período de graves consecuencias para la corona, Velázquez pintó una serie bastante reducida de retratos de la familia real. Las causas fueron quizá debidas a la muerte de la reina Isabel de Borbón y del príncipe Baltasar Carlos, acaecidas en 1644 y 1646, respectivamente. En el último retrato que Velázquez realizó del príncipe, datado en un momento bastante anterior a su muerte, éste lleva la insignia de la orden del Toisón de Oro, que había recibido, junto con el duque de Módena, en octubre de 1638. Respecto a la hermana de Baltasar Carlos, María Teresa, el primer retrato que de ella se conoce data al parecer de 1647-1648, y su condición de inacabado parece indicar que se trata de uno de los estudios del natural que Velázquez o su taller utilizaban como modelos para los retratos oficiales. Tan sólo un retrato del rey pertenece a este período y es el denominado *Felipe de Fraga*, título que responde al

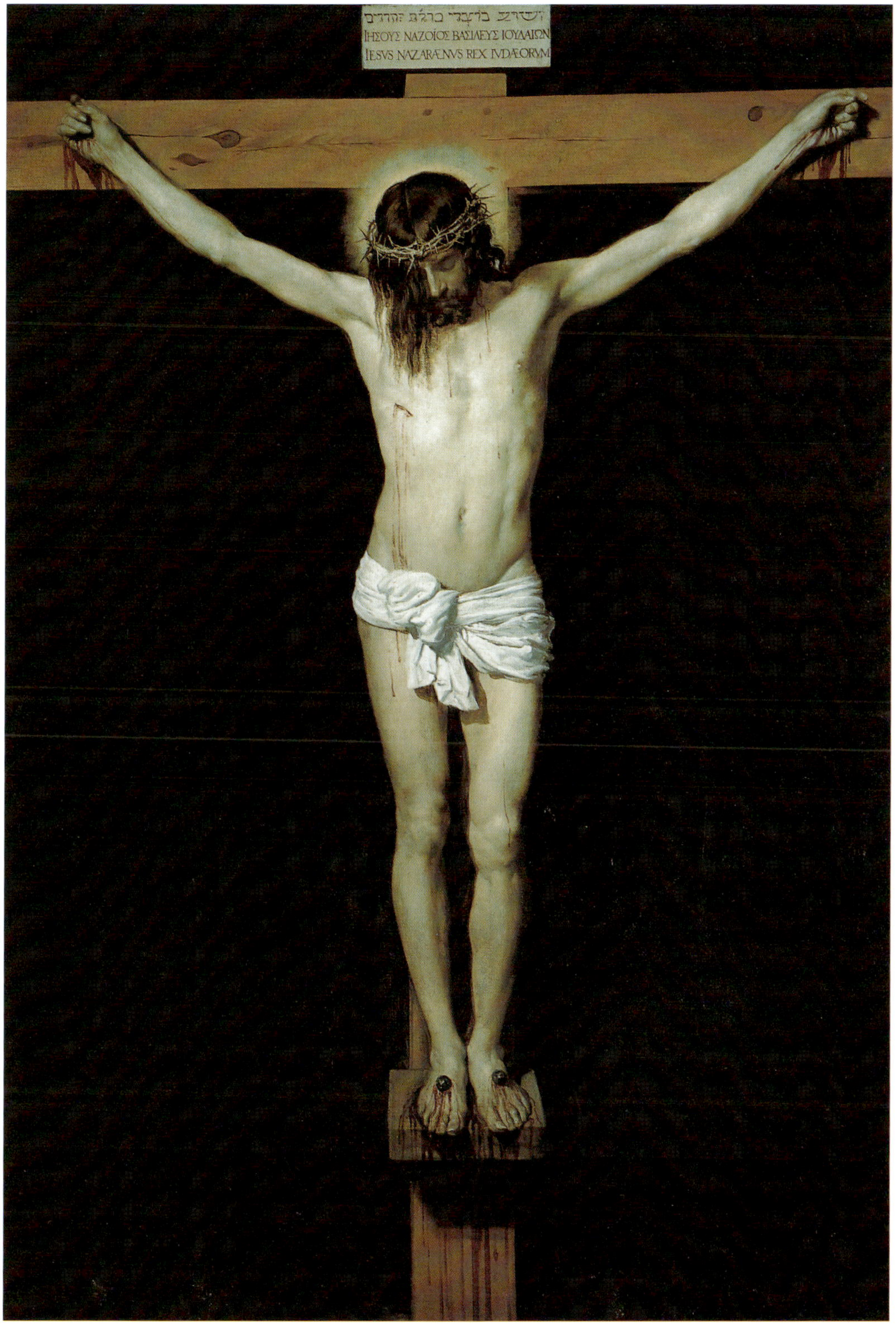
IHΣOYΣ NAZOÏOΣ BAΣIΛEYΣ IOYΔAIΩN
IESVS NAZARÆNVS REX IVDÆORVM

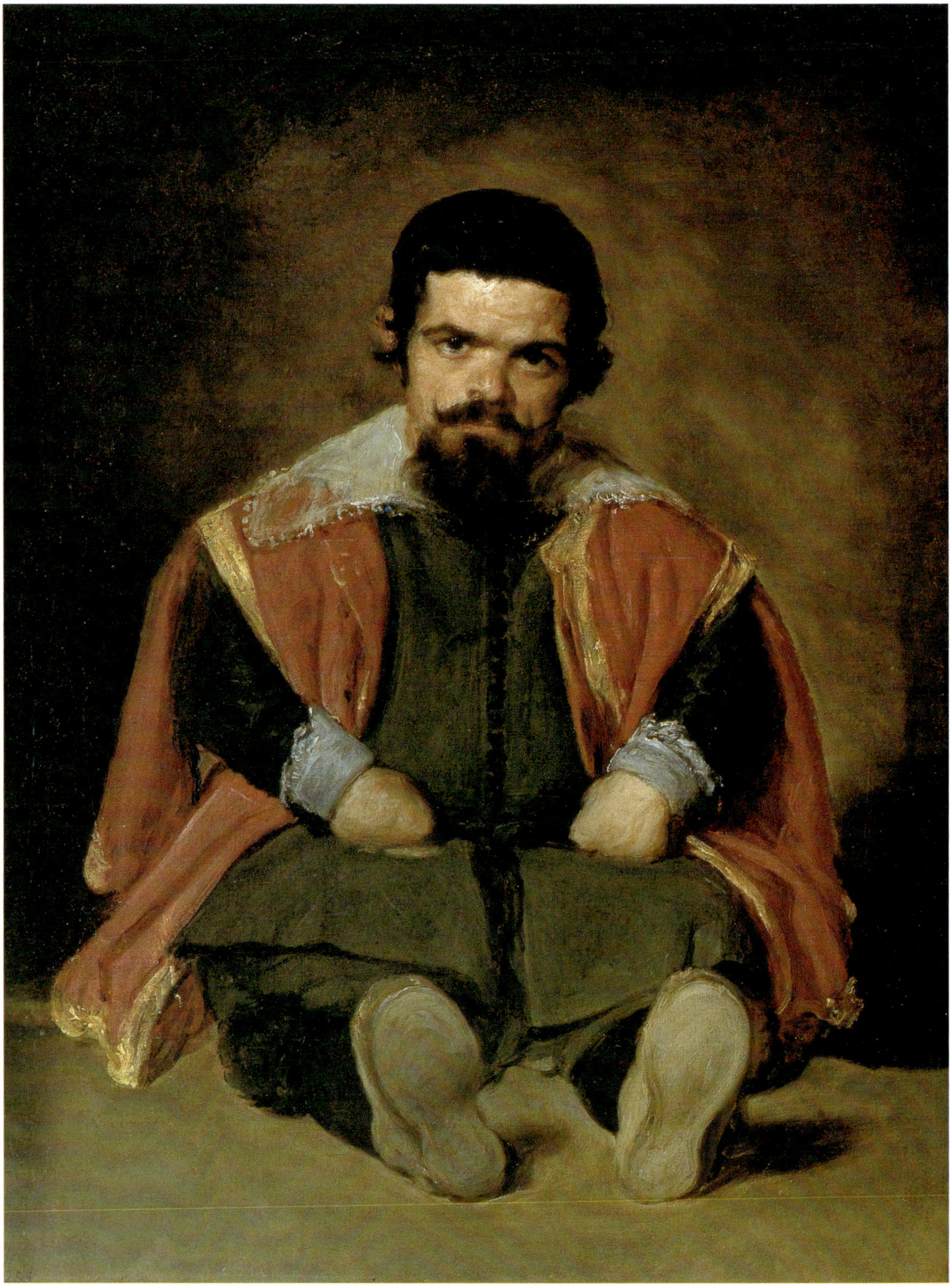

Don Sebastián de Morra
1640-1650, óleo sobre lienzo,
107 × 82 cm
Madrid: Museo del Prado

Conjugando el contraste entre la expresión grave, reflexiva y melancólica del enano y la deformidad de un cuerpo casi infantil, Velázquez consiguió una de las representaciones más impactantes en la persona de los bufones, sólidamente apoyado en una espléndida paleta cromática.

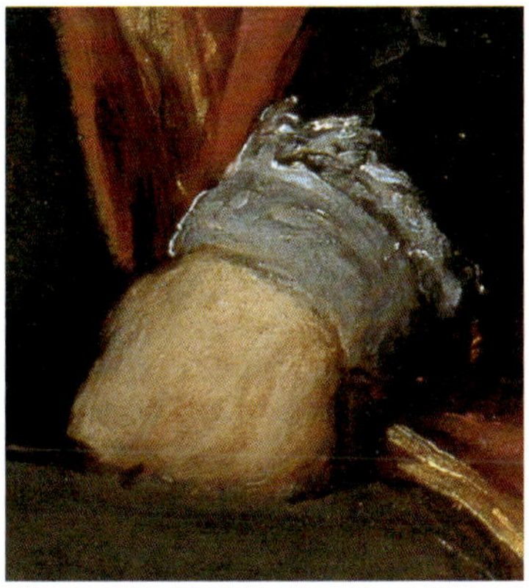

Don Sebastián de Morra
Detalle

El contraste del verde del traje y el ocre del espacio con el rojo y oro de la chaquetilla y el plata de las mangas y la valona aparece si acaso más subrayado por la particular pose del representado, cuyas ricas telas atestiguan quizás el aprecio que se le tenía en la corte.

hecho de que fue pintado en la población de este nombre durante la campaña aragonesa de 1644 y en el que el rey aparece representado en una postura convencional, notable exclusivamente por la ausencia de los atributos de gloria y de valor militar. El último retrato oficial que al parecer realizó Velázquez en este período fue *El cardenal Borja*, obra perdida que representaba al entonces arzobispo de Toledo.

De la escasa serie de retratos informales realizados durante esta etapa, el único que se conserva referente a la representación de enanos es el de *Don Sebastián de Morra*, personaje que entró al servicio de Baltasar Carlos en agosto de 1643 y a quien sobrevivió solamente en tres años. Al situar la figura sobre un fondo oscuro y falto de definición, Velázquez evitó la posibilidad de distraer al espectador, apoyándose, además, en la inteligente expresión del representado.

Otras obras de este último género son las medias figuras del *Retrato de hombre*, identificado provisionalmente como José de Nieto, alto funcionario de la servidumbre de palacio representado en *Las meninas*, y el anónimo *Caballero de Santiago*, aquel digno y contenido retrato comprado por el duque de Módena de un personaje de edad avanzada.

Entre la producción velazqueña en otras temáticas destaca especialmente la gran *Coronación de la Virgen*, pintada para el oratorio del Alcázar de la reina Isabel, que puede fecharse, desde un punto de vista estilístico, en cualquier momento del período comprendido, más o menos, entre 1636 y 1648 y que formaba parte de una serie de 9 cuadros atribuida al napolitano Andrea Vaccaro. A pesar de su destino, la monumentalidad de las figuras, el cuidadoso estudio de posturas y gestos y, en resumen, el equilibrio y la simetría de la composición, la hacen más apropiada para una iglesia barroca italiana.

También es de destacar la única obra de asunto mitológico o alegórico que puede asignarse a este período, la *Figura de mujer*, así titulada porque la joven representada con el cabello y el atuendo desaliñados, señalando hacia una tablilla, solamente permite esquivas interpretaciones relacionadas algunas de ellas con la *Sibila*.

Este lienzo cierra la producción velazqueña durante el período de hacia 1640-1648, cuyo número total de obras apenas alcanza la docena. A partir de 1648, Velázquez no pintó más allá de un pequeño número de obras, que en su mayor parte fueron los obligados retratos de la familia real. La explicación de esta circunstancia se encuentra en Palomino, quien señala que Velázquez sacrificó su arte en favor de un servicio a la monarquía que culminó en 1652 con su nombramiento como aposentador real. Así, desde aproximadamente 1645 y hasta 1648, Velázquez intervino de forma destacada en la remodelación y renovación de determinadas estancias oficiales y privadas del Alcázar en colaboración con Juan Gómez de Mora, el arquitecto de la corte, aunque cada uno en su propio ámbito. A la cabeza del proyecto se situó Felipe IV, quien fue en última instancia la persona que decidió todo lo relativo respecto a trazas y costes. El deseo del rey de ampliar su colección de pintura y de exponer tanto sus nuevas adquisiciones como las antiguas, condujo al artista a dedicar mucho de su tiempo a esta actividad y, de forma paralela por su condición de veedor desde 1647 y poco después como contador de las obras de la Pieza Ochavada del Alcázar, a iniciar una segunda aventura viajando otra vez a Italia.

Y otra vez Italia

A finales de noviembre de 1648, Velázquez dio inicio a una nueva etapa que tenía como meta el país transalpino, llevando en la cartera un encargo oficial y otro personal que satisfacer. El primero consistía en obtener obras de escultura y pintura destinadas a las nuevas salas del Alcázar, y la segunda, conseguir el suficiente apoyo para convertirse en caballero de una de las órdenes militares de mayor prestigio que existían en España, que entonces eran las de Alcántara, Calatrava y Santiago.

Velázquez viajó a Italia como parte de la comitiva del duque de Nájera, que iba al encuentro de Mariana de Austria, la sobrina y futura esposa de Felipe IV. El grupo partió de Málaga a finales de enero de 1649 y llegó a Génova a primeros de marzo, ciudad desde la que Velázquez se separó del grupo y emprendió camino hacia Venecia, adonde llegó a mediados de abril. Su estancia en la ciudad de los canales no fue en principio ni muy prolongada ni muy satisfactoria, y desde allí se dirigió hacia Roma, no sin antes efectuar parada en Módena y, al parecer, en Parma y Florencia. A finales de mayo estaba ya en Roma, ciudad en la que seleccionó las obras escultóricas que debían copiarse tras visitar múltiples colecciones, tanto las más célebres como las privadas, y se encargó de obtener los moldes para su reproducción. No obstante, la obtención de las autorizaciones, la visita a las colecciones, el reclutamiento de escultores como Alessandro Algardi y su ayudante Giuliano Finelli, y la supervisión del trabajo le llevaron mucho tiempo. Tuvo que encargarse además de buscar estatuas originales y hermosos objetos decorativos, actividades todas ellas interpretadas en Madrid como realizadas con cierta desgana y que motivaron la impaciencia de Felipe IV hacia el mes de febrero, ya de 1650, por hacerlo regresar. Entre los artistas con los que tuvo contacto puede citarse a Pietro da Cortona, Bernini, Nicolas Poussin y Matías Preti.

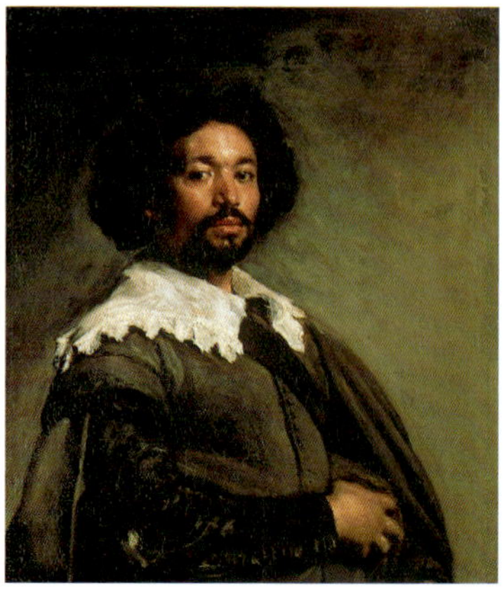

Juan de Pareja
1649-1650, óleo sobre lienzo, 74 × 60 cm
Nueva York: Metropolitan Museum

Siendo Roma el centro artístico de la Europa del siglo XVII, la ciudad brindó al artista una ocasión única para exhibir su talento y supo aprovecharla con este cuadro de ejecución audaz en el que Pareja, con las cejas arqueadas y los ojos brillantes, aparece lleno de vitalidad.

Inocencio X, un retrato humano

Esta larga estancia en la Ciudad Eterna le sirvió también para realizar algunos de sus retratos más célebres. Uno de ellos fue el de *Juan de Pareja*, el esclavo de origen árabe que acompañó a Velázquez a Italia y quien tras su libertad trabajó como pintor independiente. Exhibido en la exposición anual de la Congregazione dei Virtuosi al Pantheon, entendida como una asociación religiosa de artistas, el cuadro fue objeto de grandes elogios. Según narra Palomino, la factura del mismo se debe a la intención del artista de hacerse de nuevo con el manejo del pincel antes de enfrentarse al de *El Papa Inocencio X*, personaje a quien conocía desde su época de nuncio en España. Algunos datos indican que este último retrato estaba ya finalizado en enero de 1650, fecha en que Velázquez ingresó en la Accademia di San Luca. La postura se basa en el tipo convencional del retra-

El Papa Inocencio X
1650, óleo sobre lienzo, 140 × 120 cm
Roma: Galería Doria-Pamphili

La expresión severa y los ojos escrutadores traslucen la fama de prudente, íntegro y diligente, además de hombre afable y jovial, de la que hacía gala el pontífice, resumiendo, sin embargo, la fuerza y la debilidad, así como la benevolencia y la acritud, como las grandes contradicciones de su carácter.

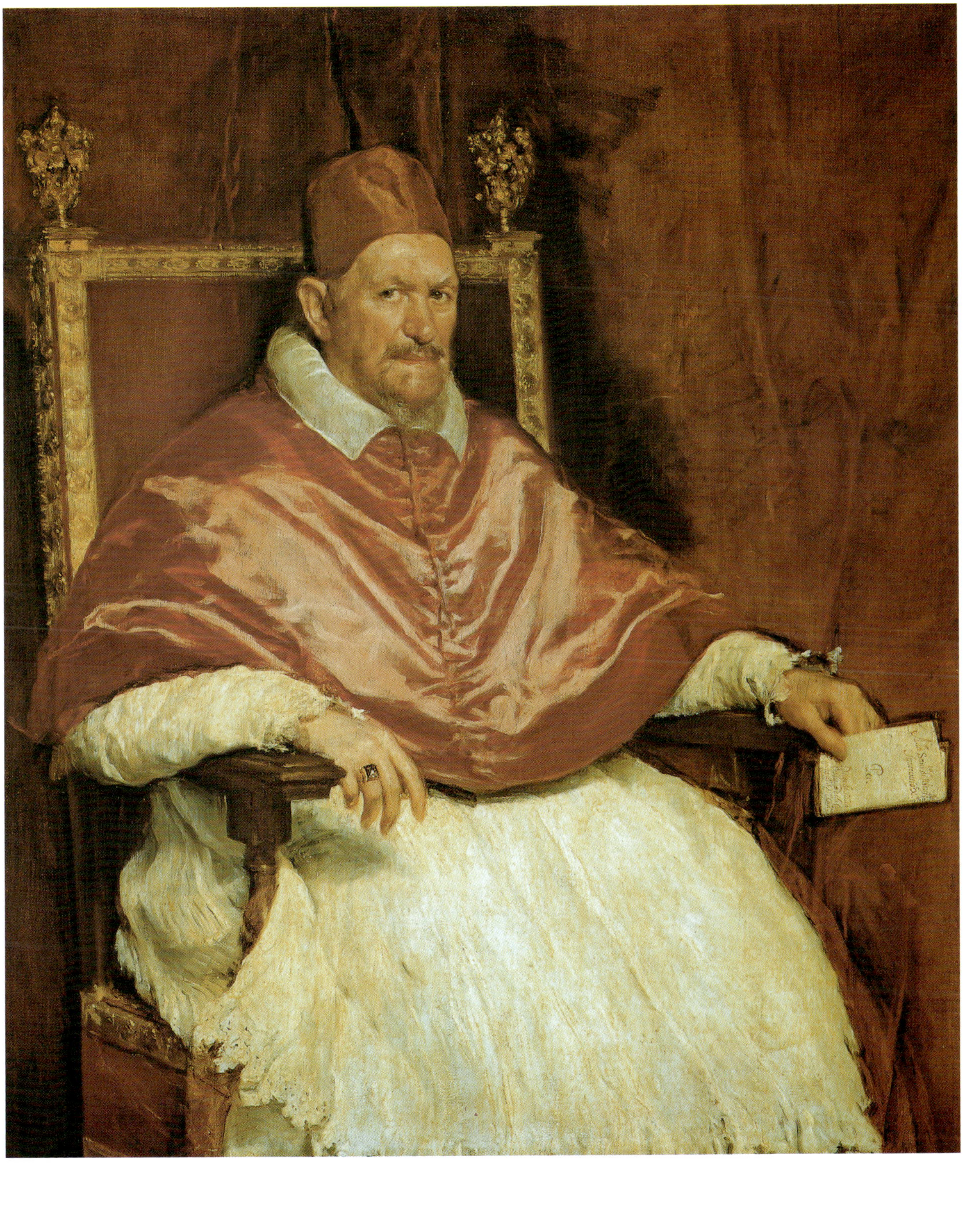

Vista del jardín de la Villa Médici en Roma
1650, óleo sobre lienzo, 44 × 38 cm
Madrid: Museo del Prado

Por la libertad absoluta de pincelada, tan parecida a la de Monet, Velázquez rompió, con estos dos óleos tomados del natural, con el paisaje tradicional. El hombre que observa el conjunto de cipreses, cielo y edificios parece anticipar algunas de las delicadas figuras contemplativas que popularizó el Romanticismo nórdico.

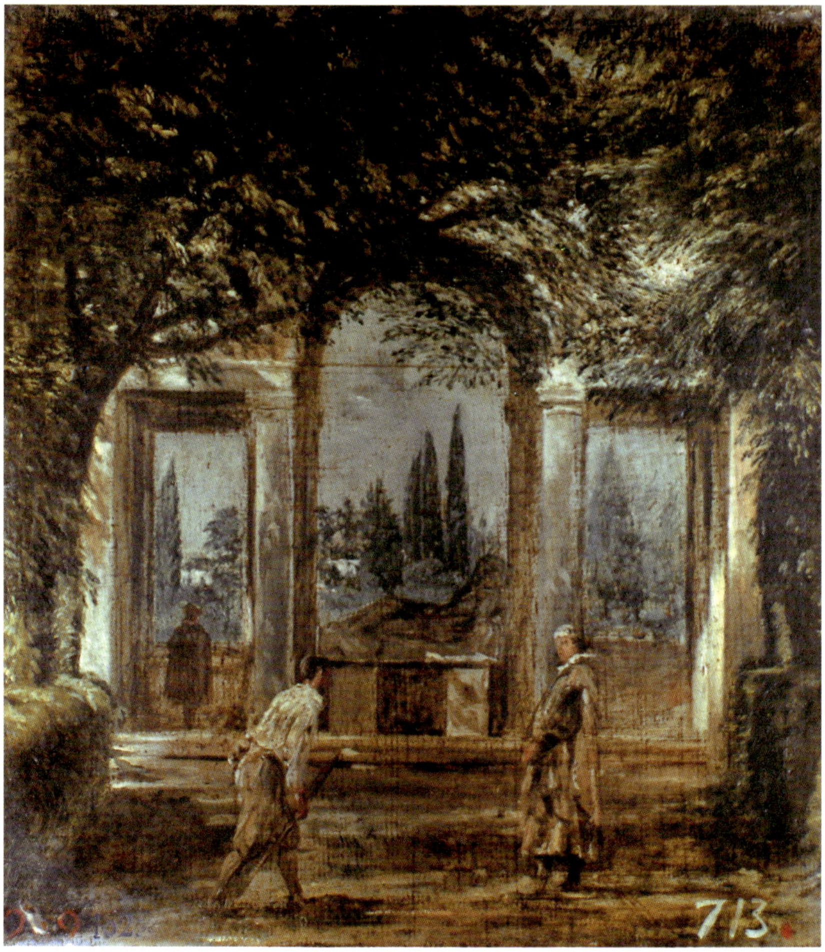

tismo de pontífices que quedó fijado en su forma definitiva con el *Retrato de Julio II* de Rafael, pero del que sólo Velázquez supo obtener los mejores resultados representando fielmente a aquel siervo de la iglesia que por norma general desconfiaba de los demás y que desempeñaba su cargo sin nunca desfallecer, apoyado en una gran disciplina. En la mano izquierda lleva un trozo de papel en el que el artista escribió: «Alla Santª. di Nro. Sigre. Innocencio X°. Per Diego de Silva Velazquez dela Camera de S. Mtª Catt.cº», con la doble finalidad de identificarse como autor del cuadro y la de implorar al pontífice como pintor del rey de España apoyo para su misión artística. La nueva firma del pintor responde al hecho de que en algunos documentos posteriores a 1647 Velázquez había ya añadido el apellido paterno en un intento de dotar de una filiación nobiliaria a su nombre. Resulta fácil imaginar que el artista interpretó el momento en que el papa le concedió audiencia y acababa de leer su petición, dirigiéndole una mirada expectante, pero a la vez de desafío.

El éxito de esta obra puede medirse por los muchos retratos que desde aquel momento le encargaron miembros de la corte pontificia, destacando entre los personajes identificados el de *Monseñor Camillo Massimi* y el del *Cardenal Camillo Astalli*, y entre los no reconocidos, el denominado *Retrato de hombre* («*El barbero del papa*»). Al margen de estos retratos, Velázquez pintó tres de sus lienzos más emblemáticos, es decir, los dos paisajes de la Villa Médici formados por el *Pabellón de Cleopatra-Ariadna* y la *Fachada de la Gruta-Logia*, de gran calidad lumínica y cuya novedad no radica en el tema, sino en la ejecución al ser pintados al óleo, y con la aún por entonces novedosa idea de hacerlo al natural; y la célebre *Venus del espejo*, también conocida como *Venus y Cupido*, considerada una de sus obras más importantes no tan sólo por su ejecución, sino también por el tema del desnudo femenino, escasamente utilizado como asunto pictórico en el arte español del siglo. Velázquez combinó en esta obra los temas del aseo de Venus y la Venus echada, motivos ambos muy populares en la pintura veneciana del siglo XVI, para fundirlos después en uno solo. La composición se resuelve con una sucesión de curvas delicadas que parten del pie y en la que el pintor aprovecha la inclusión del espejo para dar cuerpo y solución a la vez al problema espacial que en esas fechas era una preocupación constante en su pintura. Realizada a base de seductores contrastes de textura, la superficie posee una calidad pictórica que realza el atractivo sensual del tema representado, no exento de cierto erotismo. Por norma general, se acepta que este cuadro es el citado en el inventario de la colección de Gaspar Méndez de Haro, marqués de Eliche, redactado en 1651.

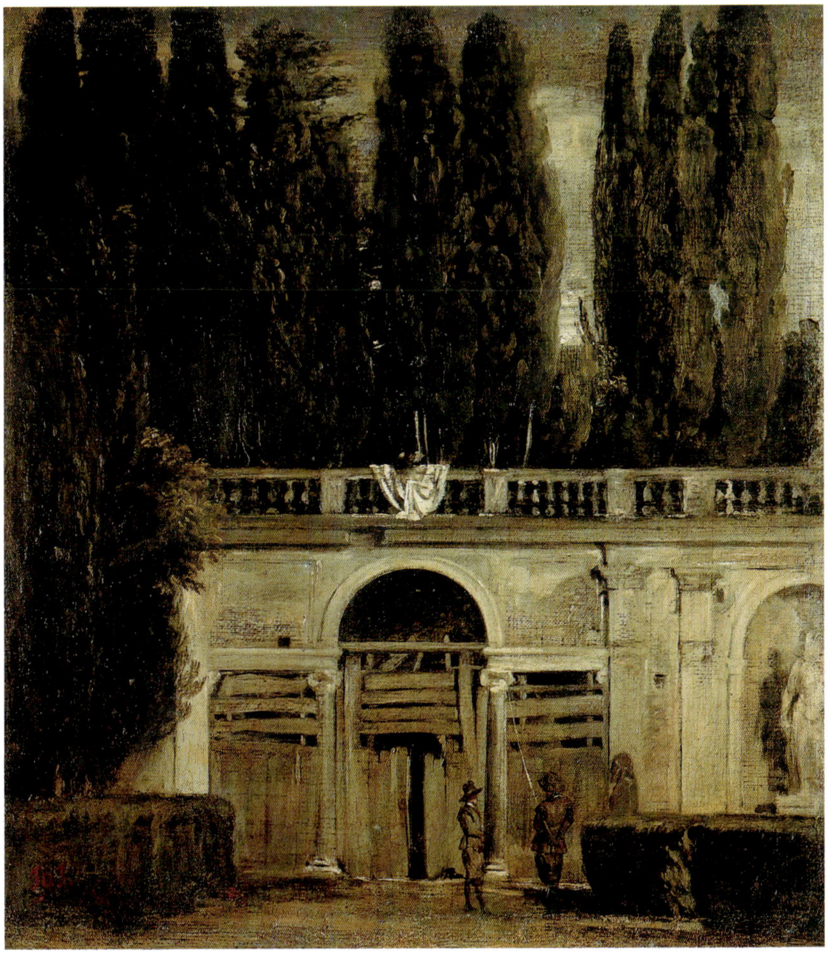

Vista del jardín de la Villa Médici en Roma
1650, óleo sobre lienzo, 48 × 42 cm
Madrid: Museo del Prado

La combinación de vegetación, arquitectura, escultura y personajes vivos integrados de manera natural en un entorno ajardinado ayudó a la captación de un momento determinado en el que la luz y el aire también tuvieron, por su especial importancia, un papel protagonista.

La Venus del espejo
h. 1649-1651, óleo sobre lienzo,
122,5 × 177 cm
Londres: National Gallery

Considerado como uno de los desnudos femeninos más bellos jamás realizado, a cuya importancia sólo es equiparable dentro de la pintura española La maja desnuda, *de Goya, la restauración llevada a cabo tras sufrir un atentado puso de relieve el uso de una pincelada tan delicada como la de Renoir.*

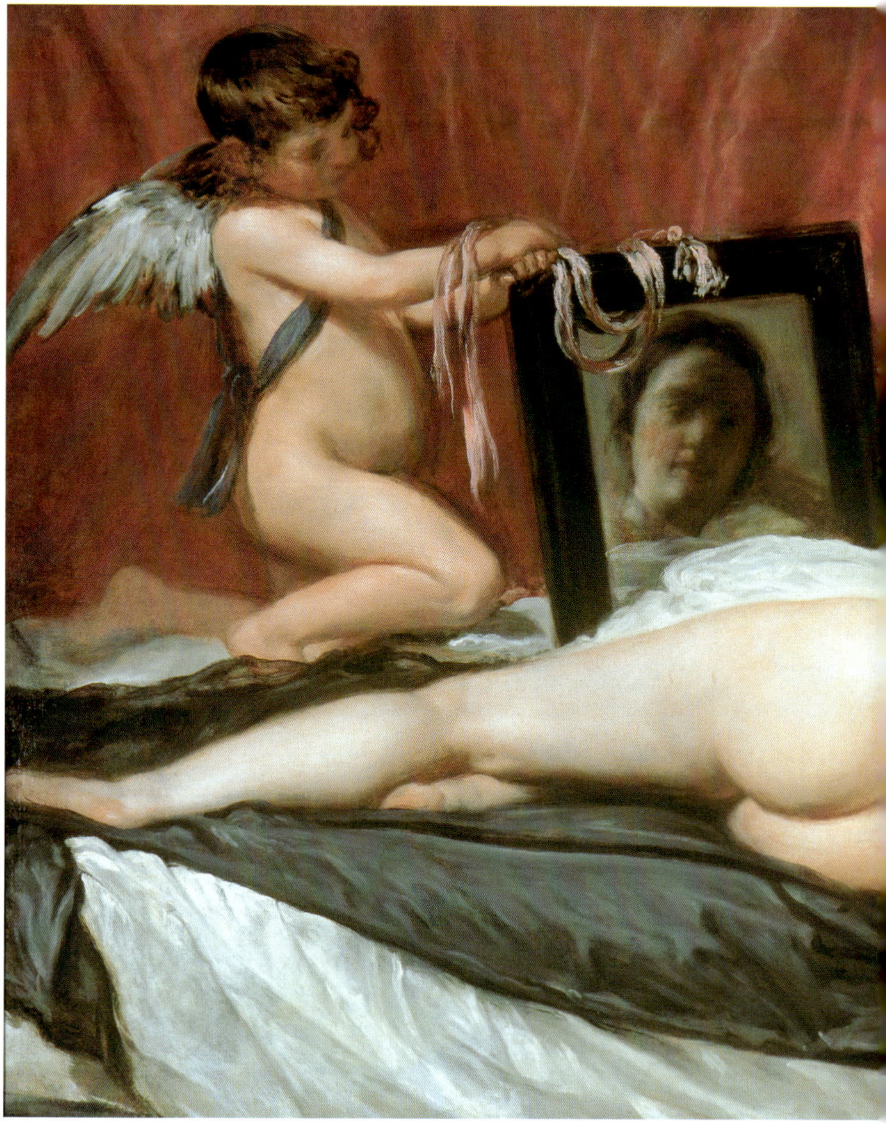

Velázquez decidió iniciar su camino de regreso a España en noviembre de aquel año, a pesar de que todavía tenía que resolver la tarea de la adquisición de cuadros. El 12 de diciembre se detuvo otra vez en Módena para rendir de nuevo saludo al duque Francesco d'Este, quien, sin embargo, se hallaba ausente. Su secretario, Gemignano Poggi, no se atrevió a dejar entrar a Velázquez en la pinacoteca en su obligación de defender la colección ducal y lo acompañó en desagravio en su visita al vecino palacio de Sassuolo, que había sido recientemente decorado por Michele Colonna y Angelo Mitelli. Más tarde, adquirió obras en su regreso a Venecia y dejó instrucciones al embajador sobre la compra de otras en cuanto hubiera posibilidad de hacerlo. Era ya el año 1651 cuando después de Venecia se dirigió a Génova, donde se embarcó a finales de mayo para llegar finalmente a Valencia el 13 de junio. Días después estaba de nuevo en Madrid, ciudad a la que

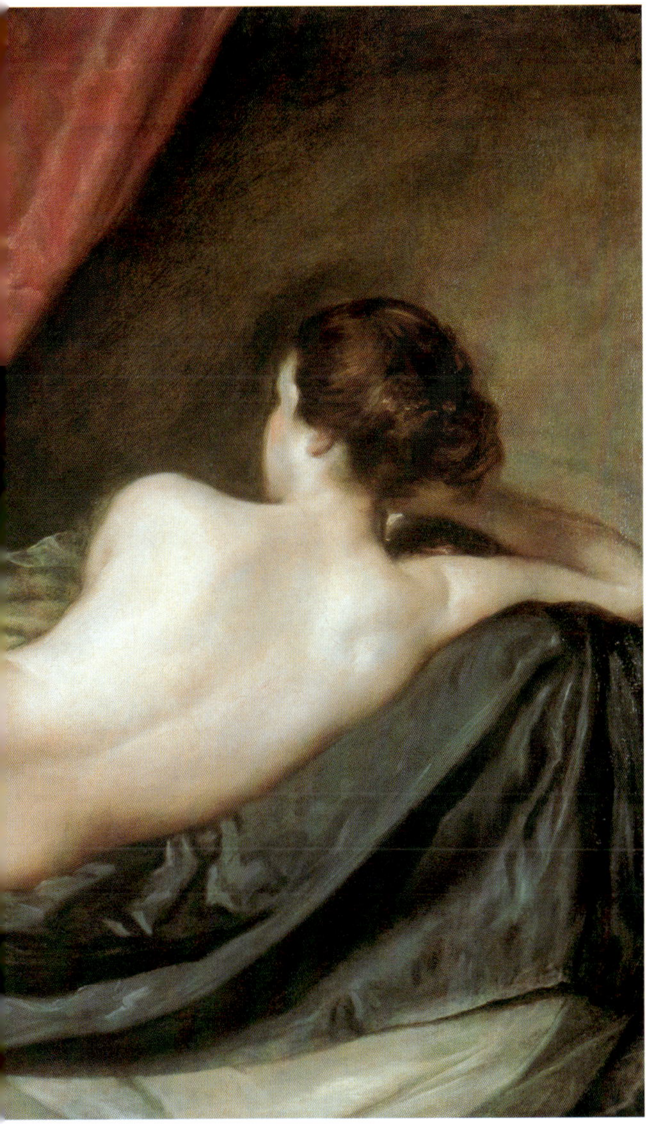

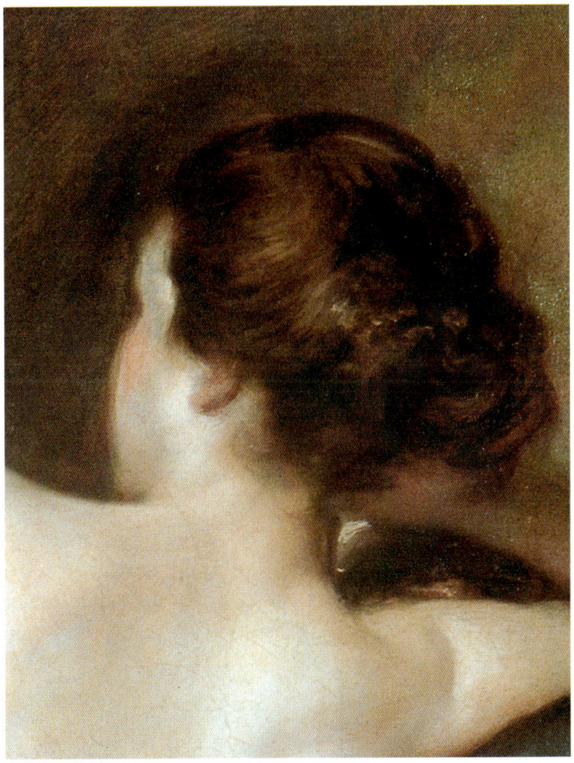

La Venus del espejo
Detalle

Fuese quien fuese la dama representada, Velázquez le confirió el encanto de una diosa. La languidez de su cuerpo recostado sobre un lecho de sábanas de tafetán negro, apoyado además en su brazo derecho, hacen de su atractivo, incluso de espaldas, una baza segura.

poco después, y durante un largo año, fueron llegando pequeñas partidas del primer cargamento de las obras solicitadas en Roma.

Así, tras su segunda estancia en Italia, llegaba ahora el momento de empezar a dar cuerpo al gran sueño de Felipe IV. También trajo consigo el apoyo del Vaticano, y más concretamente en la persona del cardenal Panciroli, en la secreta esperanza que albergaba de pertenecer a una orden militar española, bastión en aquella época de los privilegios aristocráticos. Ingresar en una de ellas significaba alcanzar un sello de nivel social y prestigio difícilmente accesible para un artista que el nuncio de España, siguiendo instrucciones del pontífice, se empeñó en activar en la corte. Y así, el 28 de noviembre de 1659, tras un proceso sumamente largo iniciado con el obligatorio trámite de la designación real el 6 de junio del año anterior, Velázquez fue nombrado caballero de la Orden de Santiago.

La culminación del Arte

La reina Mariana de Austria
1652-1653, óleo sobre lienzo,
231 × 131 cm
Madrid: Museo del Prado

Velázquez supo plasmar magistralmente la pesadumbre con que la reina parecía llevar su vida en la corte, a través de la estudiada conjunción de una composición que subraya los elementos simbólicos de la majestad real y una técnica pictórica sumamente sabia y elaborada.

Durante la última etapa artística de Velázquez, su nombramiento en noviembre de 1652 como aposentador mayor de palacio y las tareas derivadas de dicho cargo implicaron más que nunca la intervención y la ayuda de los miembros de su taller en sus obras. De éstas, las más conocidas que el artista pintó durante los postreros años de su vida no llegan a 20, de las que tan sólo se conservan 14 y en las que proliferan los retratos reales, circunstancia debida, sin duda, al segundo matrimonio que contrajo el monarca con Mariana de Austria en 1649.

La llegada de la nueva reina y el nacimiento de dos hijos, Margarita y Felipe Próspero, significaron nuevos temas para la paleta de Velázquez. A ellos se añadió la infanta María Teresa, a quien se le acercaba el momento del matrimonio y de quien sus futuros candidatos solicitaban, como era práctica habitual de la época, retratos. Uno de ellos fue enviado al archiduque Leopoldo Guillermo, aspirante a la mano de la infanta, y otros a Francia, a Viena y Bruselas. Un pequeño estudio del natural es el conservado en el Metropolitan Museum of Art de Nueva York y en el que, en contraste con el equivalente realizado unos años antes, la infanta lleva una peluca de firme trenzado que está adornada con lazos en forma de mariposa.

Mariana, la joven segunda esposa de Felipe IV, contaba sólo 14 años cuando contrajo matrimonio con su tío y llegó a Madrid. Era únicamente 4 años mayor que su hijastra María Teresa y, a pesar de su posterior retraimiento de carácter, la Mariana que llegó a España y pintó Velázquez algún tiempo después era aún una persona alegre, amiga de lujos y diversiones. Su retrato es uno de los mejores de la última década del pintor, y fue realizado hacia 1652-1653 formando pareja al parecer con un retrato inconcluso del propio Felipe IV.

Un minucioso estudio realizado sobre el retrato de la reina ha permitido constatar que la cabeza de esta última está pintada sobre una del rey. Los rasgos del monarca se detectan en los ojos más grandes y más caídos, en la nariz más prominente y en una mancha oscura alrededor de los labios, vestigio del bigote regio. La reconversión del retrato de Felipe IV, lejos de una reflexión sobre los problemas de identidad sexual que se le han imputado, podría atribuirse a que Velázquez, práctico como siempre, quiso evitar el aburrido proceso de preparación del lienzo. La reina Mariana va vestida en el cuadro con un traje negro y plata, del tipo denominado guardainfante, que el artista anima y armoniza con los tonos rojos de los lazos de las muñecas y la elaborada peluca, las plumas jaspeadas, el terciopelo del tapete de la mesa y la gran cortina carmesí que sirve de dosel y marca la dignidad regia de esta joven poco agraciada, maquillada en exceso, pero de admirables manos aristocráticas. La derecha se apoya en el respaldo del sillón, mientras que con la izquierda sostiene con elegante parsimonia el enorme pañuelo de moda en la corte. Un reloj dorado, en forma de torre, subraya asimismo la categoría de esta reina, ejemplo y exactitud de sus deberes. También la postura es de esa enorme sencillez velazqueña sin nada de afectación, natural y a la vez majestuosa. La gran lección de

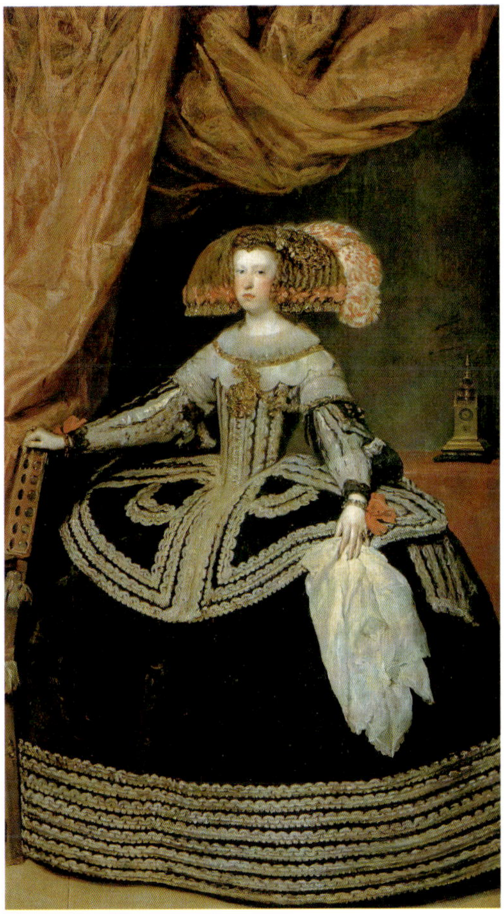

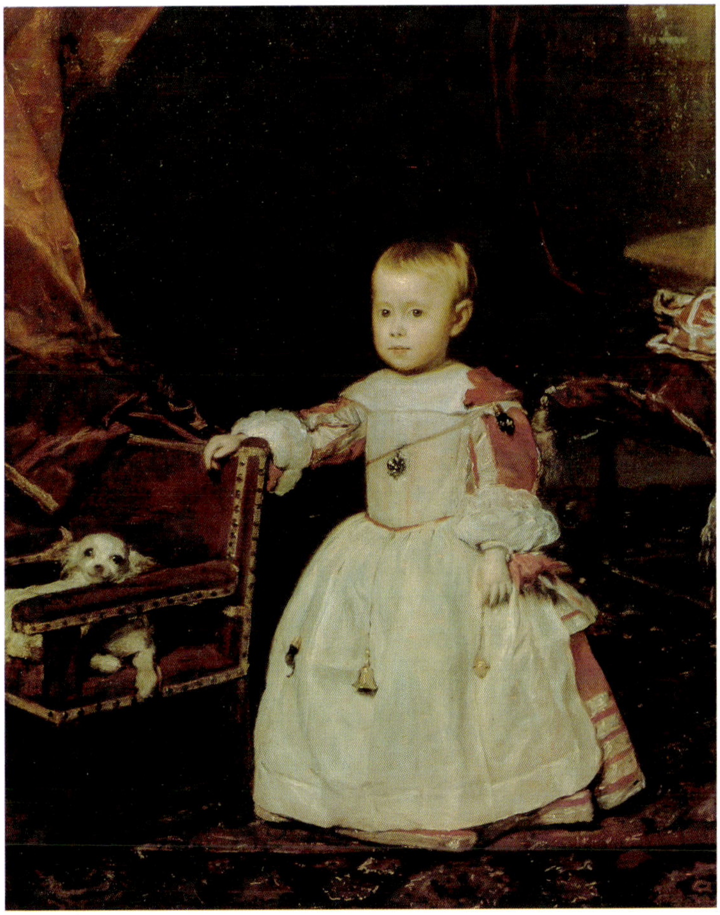

Velázquez es que, conservando el esquema tradicional del retrato de la casa de Austria, el escaso atractivo de la reina aparece pleno de grandiosidad y nobleza.

El 12 de julio de 1651 nació la primogénita de Felipe IV y Mariana, la princesa Margarita, cuya presencia permitió a Velázquez pintar una serie de retratos en los que puede observarse su crecimiento hasta alcanzar la madurez. Muchos de esos retratos fueron enviados a la corte imperial de Viena para su futuro marido, el príncipe Leopoldo, y muestran a una niña bastante bonita cuya solemne expresión y porte erguido hacen de su persona alguien verdaderamente importante.

El último retrato realizado fue probablemente en 1659, fecha en la que se envió a Viena un lienzo del malogrado príncipe Felipe Próspero, primer varón de la reina Mariana y heredero que tan sólo vivió 4 años, a quien Velázquez pintó sobre su vestido una bola que contiene algunas sustancias aromáticas contra las infecciones y diversos amuletos contra el mal de ojo. Un juguetón perrito faldero pone una nota de calor en una composición en la que la frágil figura del príncipe destaca en un solemne espacio.

La pesadumbre también aflora en los retratos de Felipe IV pertenecientes a este momento, dado que ya no exhiben a aquel monarca pleno de poder, sino a uno en actitud desalentada y derrotada. Sin embargo, a pesar de todas las catástrofes militares y económicas que acontecieron a la monarquía española durante su reinado,

El príncipe Felipe Próspero
1659, óleo sobre lienzo, 128,5 × 99,5 cm
Viena: Kunsthistorisches Museum, Gemäldegalerie

Velázquez compuso la melancólica figura del príncipe cuando éste tan sólo tenía dos años y nada presagiaba aún el cercano momento de su muerte. Llama la atención su rostro dulce e inteligente, resaltado de forma casi dramática contra el fondo negro de la estancia.

La infanta Margarita
1654, óleo sobre lienzo, 128 × 99,5 cm
Viena: Kunsthistorisches Museum, Gemäldegalerie

Bañado por una luz suave y difusa, este bellísimo retrato de la joven princesita de mejillas gordezuelas y sonrosadas irradia la inocencia sin mácula de la niñez, a la vez que hace gala de una precoz gracia femenina, siendo el primero de la serie que Velázquez dedicó a la protagonista de Las meninas.

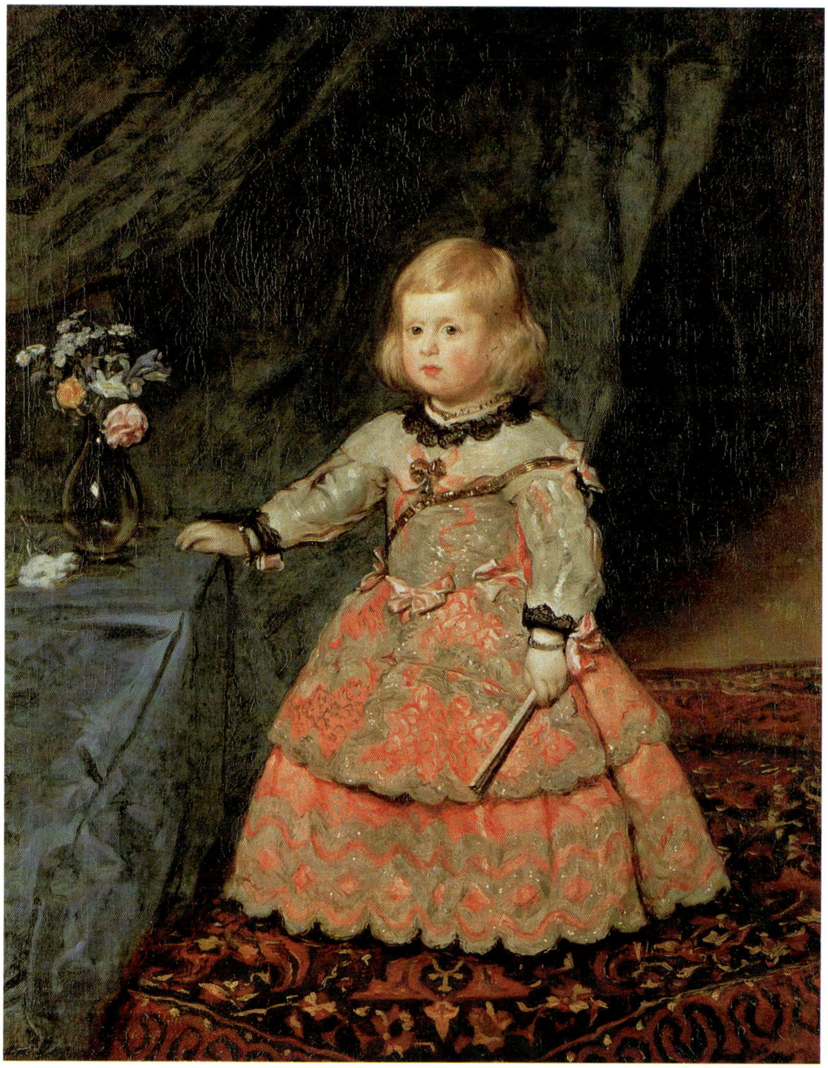

Felipe IV era aún el orgulloso heredero de los mayores soberanos de la primera modernidad europea, es decir, los Reyes Católicos, el emperador Carlos V y Felipe II, y esa esencia fue la que intentó reflejar Velázquez. Y pese a la indudable decadencia del poderío español, también fue aquella una época en la que se hicieron muchas copias de estos retratos a partir de dos prototipos creados en la década de 1650, lo cual sugiere que fueron pintados como imágenes oficiales. Uno de ellos, en el que aparece Felipe IV en armadura y con un león a los pies, planteó un gran problema de atribución.

En estas obras reflejó Velázquez la reserva que el monarca cultivó con tanto esmero a lo largo de su vida, idéntica cualidad que el rey y su artista infundieron a la ornamentación del palacio real durante ese período. Efectivamente, al margen de los cuadros de la realeza, Velázquez tuvo que afrontar también en aquellos momentos la supervisión de la decoración y el amueblamiento del Escorial, lugar que desde 1640 Felipe IV había decidido incluir en su itinerario de visitas campestres y que en los años 1652-1653 estaba llegando a sus últimas fases de construcción.

El deseo del monarca de mejorar la calidad de los cuadros escurialenses fue prontamente atendido por su ministro Luis de Haro, sustituto del conde duque de Olivares, cuyas actividades de coleccionista coincidieron con la ejecución del proyecto. Una vez reunidas las pinturas, procedentes en su mayoría del propio Haro y de la colección real, aunque también de otros miembros de la nobleza española, le correspondió a Velázquez la tarea de hacer una selección y disponer su instalación. La primera zona de actuación fue la sacristía del Panteón, que fue decorada con la obra de grandes maestros italianos de los siglos XVI y XVII, seguida por la denominada Sala Capitular del Prior, decorada con 18 lienzos de maestros italianos y flamencos. Contigua a esta última se encontraba la del Vicario, aunque Felipe IV murió mientras se seleccionaban los cuadros y éstos fueron ya instalados durante la regencia de Mariana de Austria. Una última estancia fue el Aula de Escritura o Aulilla, en la destacaban obras de Tiziano, el Veronés, Tintoretto, Cambiaso, Rafael, el español Navarrete el Mudo y otros.

Al igual que la del Escorial, la remodelación del Alcázar también alcanzó su momento más importante en la década de 1650, momento en el que Felipe IV, quien en sus últimos años había hecho de la pintura su principal ocupación, contó asimismo con la inestimable ayuda de Velázquez para ordenar las obras maestras de la colección real. Poco se conoce, sin embargo, de la decoración pictórica llevada a cabo en aquellos momentos debido a la casi total ausencia de representaciones contemporáneas. Así, solo la obra de *Las meninas* es uno de los escasos ejemplos del interior del Alcázar ya que, tras la muerte de Baltasar Carlos, se remodelaron sus aposentos y algunos fueron concedidos a Velázquez mientras viviese. En ellos tuvo el estudio o taller y una especie de oficina para sus actividades como mayordomo de Palacio, cargo que le obligaba a escribir de manera asidua. La sala concreta que aparece en el lienzo, la denominada Galería del Cuarto del Príncipe, era contigua al taller del artista y estaba decorada con copias de Rubens y Jordaens realizadas por Juan Bautista Martínez del Mazo, el yerno de Velázquez, quien había contraído matrimonio con su hija Francisca en 1633 y quien con el tiempo se convirtió en uno de sus más eficaces colaboradores tras haberse incorporado a su taller en calidad de ayudante.

La nueva decoración del Alcázar se llevó a cabo de forma simultánea en diversas estancias, pues el traslado de los cuadros y esculturas exigía una constante reorganización de los conjuntos decorativos. Así, en 1652, los documentos hablan de tres zonas diferentes: la Galería del Mediodía, concebida como una exposición de retratos no exclusivos de la familia real y en la que había múltiples obras de Tiziano y Tintoretto (o atribuidas a ellos), además de dos cuadros del Veronés adquiridos por Velázquez durante su último viaje a Italia; la Galería del Cierzo, dedicada a obras de maestros del siglo XVII, tanto flamencos (Rubens) como italianos (Guido Reni, Annibale Carracci), además de un reducido grupo de obras españolas, con tres retratos del Greco y *El triunfo de Baco*, de Velázquez. Estaba también decorada con esculturas, concretamente con 10 vaciados en yeso de estatuas de la Antigüedad clásica que había encargado Velázquez en Italia, y la conocida como Bóvedas del Tiziano, en sus inicios utilizada como cocina del príncipe Baltasar Carlos y posteriormente remodelada para finalizar acogiendo una imponente colección de obras centradas en la figura femenina. Del total de cuadros, 18 eran obra de Tiziano, otros tantos de Rubens e incluso se dispuso la colocación de la *Eva* de Alberto Durero, contando el resto de la colección con lienzos del Veronés, Cambiaso, Zuccaro y Ribera.

Al margen de la ayuda prestada al rey, Velázquez realizó por esta época dos de las composiciones más grandes y complejas de su trayectoria artística: *Las hilanderas*, también conocida como *La fábula de Aracne*, y *Las meninas*, lienzo que por su importancia merece un estudio aparte.

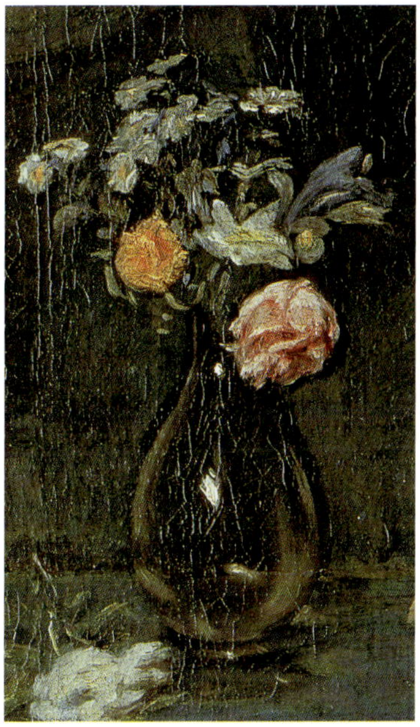

La infanta Margarita
Detalle

De una corte en la que según el cronista Barrionuevo «desperdiciaba las frescas mañanas cogiendo flores, los días en fiestas y las noches en comedias», el artista supo hacer del delicado florero que acompaña el retrato una pintura entera de por sí que armoniza con el brillo del traje de la pequeña infanta.

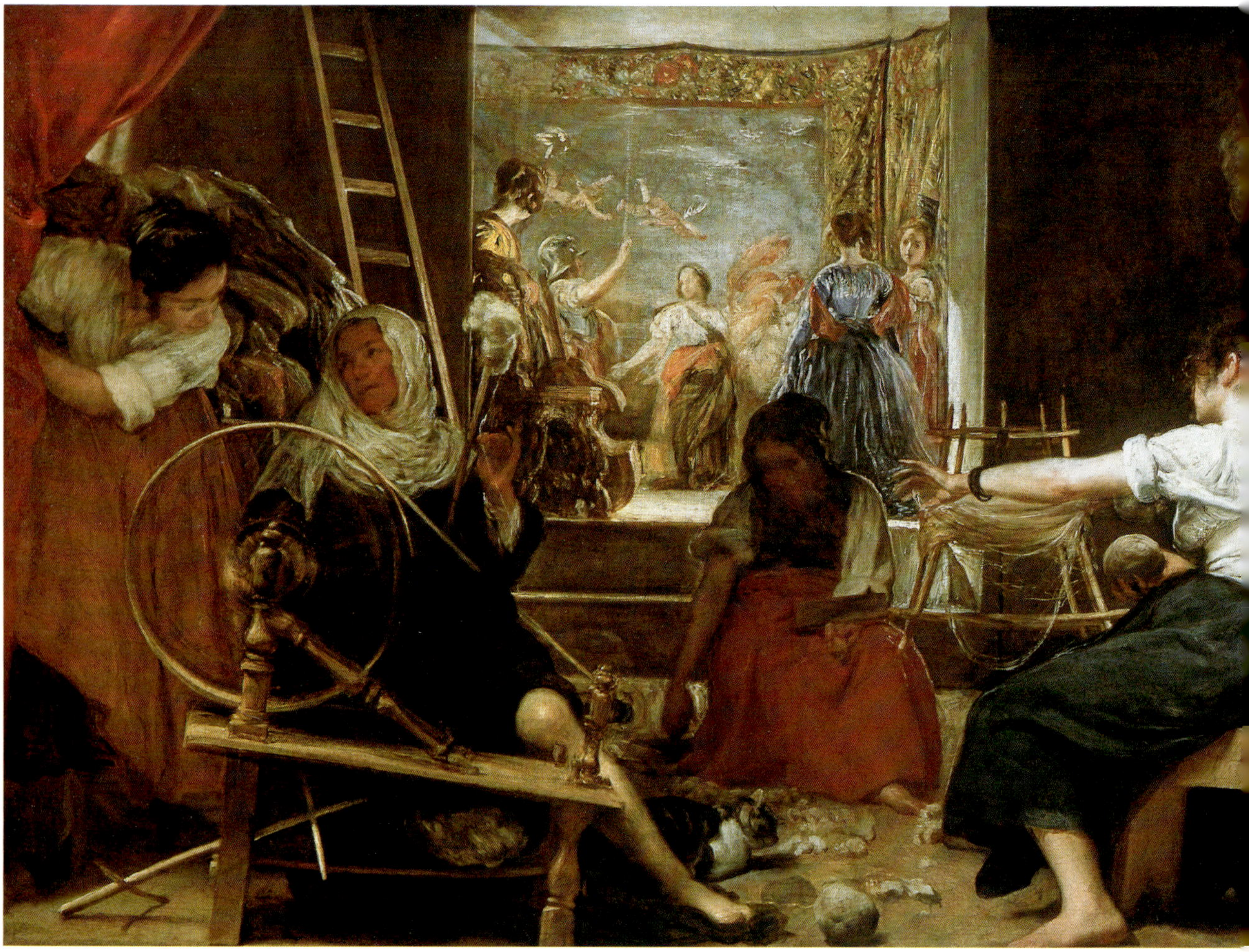

Las hilanderas
o La fábula de Aracne
1656, óleo sobre lienzo, 220 × 290 cm
Madrid: Museo del Prado

Con esta obra, Velázquez hizo su experimento técnico más audaz al recrear aparentemente un momento cotidiano en un obrador de tapices para dotar a la escena, con un estilo suelto y difuso, de un sinfín de elementos simbólicos y esconder así varios niveles de narración.

Las hilanderas

En *Las hilanderas*, cuadro que fue ampliado posteriormente por todos los lados, Velázquez representó en la parte del fondo la escena del mito de Aracne descrita en el libro sexto de la *Metamorfosis* de Ovidio, es decir, la competición celebrada entre Minerva, en su papel de diosa de las artes y los oficios, pero representada aquí también como diosa de la guerra provista de armadura y yelmo, y Aracne, una tejedora de humilde nacimiento que llegó a ser tan famosa que incluso las mujeres de Lidia venían de lejos para admirar sus labores, quien desafió a la primera en su afán de demostrarle que era capaz de tejer como ella. A pesar de que la provocación terminó en empate, la idéntica calidad con la que fueron juzgados los tapices tejidos representó un triunfo moral para Aracne, quien ofendió más si cabe a Minerva al haber representado seis historias de mortales que habían seducido y sometido a los dioses.

Una de estas labores fue una escena inspirada en *El rapto de Europa*, de Tiziano, obra que por entonces figuraba en las ya citadas Bóvedas de Tiziano del Alcázar y que decora el muro del fondo del cuadro de Velázquez. Por contra, Minerva tejió una serie de seis tapices que explicaban el destino de los mortales que habían osado

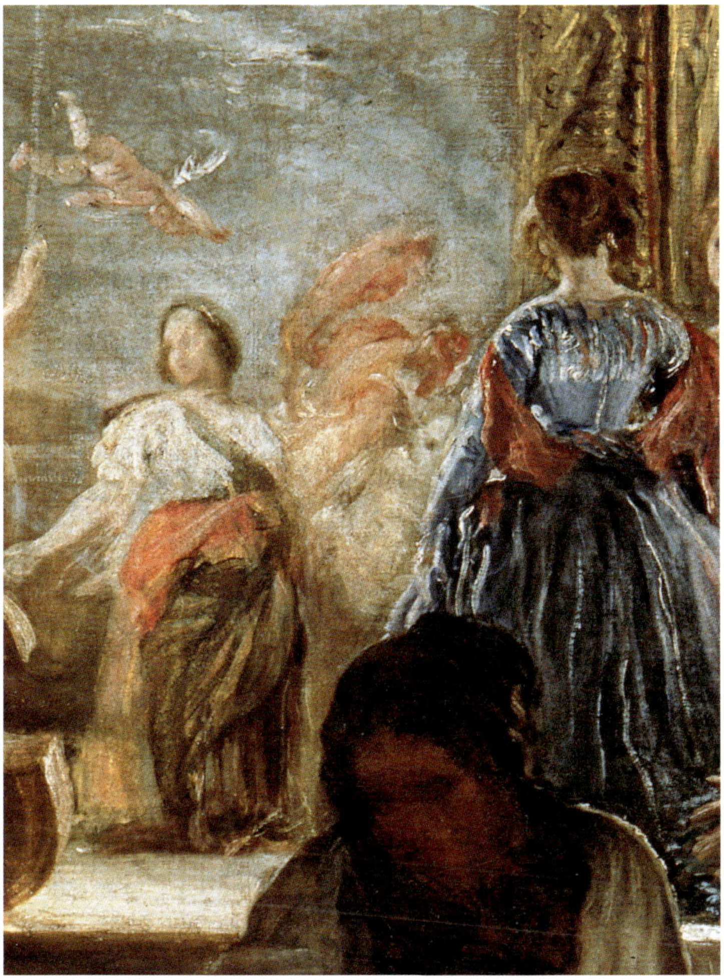

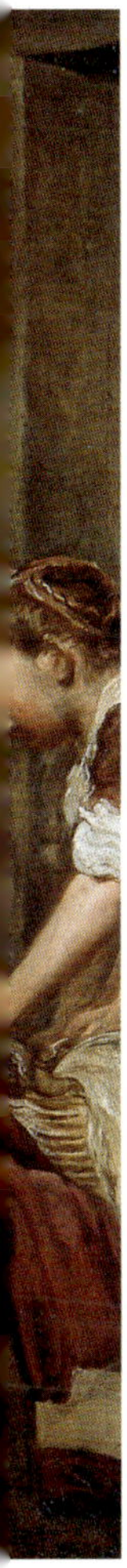

Las hilanderas
o La fábula de Aracne
Detalle

La escena del fondo se abre como una de aquellas ventanillas que el artista pintaba durante su época sevillana, estableciendo las damas representadas un plano intermedio entre la ficción mitológica del tapiz y la realidad de la vida cotidiana de las hilanderas.

desafiar el poder de los dioses. La escena representada, elaborada con una técnica basada en un abocetamiento en el que las pinceladas están magistralmente realizadas, tiene lugar en el estudio pleno de luz de Aracne, pintada por Velázquez vestida con una blusa blanca y con una faja roja sobre su falda verde oliva en el momento en que recibe a otras mujeres. El artista dejó la representación de la historia, sin embargo, huérfana de un final, por cuanto en la obra de Ovidio la diosa Minerva finaliza por convertir a Aracne en una araña.

No obstante, la idea principal de Velázquez en la realización de este lienzo era la de rendir un claro homenaje a la obra de Tiziano, considerándolo como un modelo a seguir y considerándose a sí mismo como un claro sucesor de los logros artísticos y sociales que, en la corte de Carlos V y Felipe II, logró alcanzar el artista italiano. Desplazado así al fondo el tema principal del lienzo, la escena del mito está apoyada en un primer plano por un momento de la vida real en un taller de tapices en el que cinco mujeres realizan las labores de cardar, hilar y devanar los fardos de lana para transformarlos en hilos útiles para tejer. Su frenética actividad resulta especialmente perceptible en las figuras situadas en un primer plano a derecha e izquierda de la composición, interpretadas como Aracne y Minerva en pleno énfasis de la tarea.

El admirado cuadro de *Las meninas*

En 1666, después de la muerte de Felipe IV, el pintor Juan Bautista Martínez del Mazo citaba en un inventario de las pinturas existentes en el Palacio Real de Madrid un gran cuadro de Velázquez «representando a la infanta Margarita con sus dos damas de Corte y una enana», sin ningún otro tipo de explicación relativo al título, al tema o al significado del cuadro. Los inventarios posteriores de 1686 y de 1700 señalaban que, en este lienzo, el artista «se había representado a sí mismo mientras pintaba». El cuadro fue descrito en aquellos momentos con el título de *La familia de Felipe IV*, y desde 1843 se le conoce más comúnmente con el nombre de *Las meninas*, aunque también ocasionalmente como *Velázquez y la familia real.*

Según Palomino, cuya parte tercera del volumen *El museo pictórico y escala óptica* se convirtió en la principal fuente de información sobre dicho lienzo, esta obra maestra fue finalizada en 1656. También identificó, con nombre y cargo dentro de la corte, a casi todos los personajes que figuran en el gran retrato. Así, con la obviedad de Velázquez, que está ante el caballete de pintura, un espejo encuadrado en un marco negro en el fondo refleja los bustos del rey y de la reina. En el centro figura la infanta Margarita, única hija en aquellos momentos de la nueva reina, a la que acuden dos meninas o doncellas reales; ambas se inclinan, mientras María Agustina Sarmiento presenta a la infanta un búcaro sobre una fuente e Isabel de Velasco mira hacia el espectador. En primer término, a la derecha, se hallan la enana Mari-Bárbola y el enano Nicolás de Pertusato, quien incita con el pie sobre el lomo al mastín que descansa sobre el suelo. Detrás de este grupo hay otro, formado por Marcela Ulloa como la mujer enlutada y Diego Ruiz de Azcona, guardadamas no identificado por Palomino. En el fondo, José de Nieto, el mayordomo real, está de pie en la escalera que del iluminado umbral da paso a la habitación.

El propio Velázquez se retrató con el pincel en la mano derecha, la paleta en la izquierda, la llave (símbolo de su cargo de mayordomo) en la cintura, y en el acto de pintar una tela. Para Palomino, el autorretrato del pintor es la declaración de su derecho a la inmortalidad, y explicó que la cruz de la Orden de Santiago que aparece en la casaca de Velázquez fue añadida después de la muerte del pintor por orden de Felipe IV, ya que fue nombrado caballero con posterioridad a la ejecución del cuadro.

Palomino también llamó la atención sobre las pinturas que adornan las paredes de la estancia del cuadro, relativas a temas de la *Metamorfosis* de Ovidio, obra de Rubens y Jordaens. Se refería a los dos cuadros colgados en lo alto, en la pared del fondo sobre el espejo: *Minerva y Aracne* y *Apolo y Pan*, respectivamente. La comparación de las pinturas identificables con el inventario de palacio de 1686 estableció que Velázquez reprodujo fielmente el aspecto que tenía la galería del Cuarto del Príncipe.

Las meninas
o La familia de Felipe IV
1656, óleo sobre lienzo, 318 × 276 cm
Madrid: Museo del Prado

La capacidad de este cuadro de sugerir en el espectador numerosos y renovados estímulos, tanto visuales como intelectuales, ha hecho del mismo una obra única en la que sus continuas reinterpretaciones la mantienen como algo vivo dentro de la historia de la pintura.

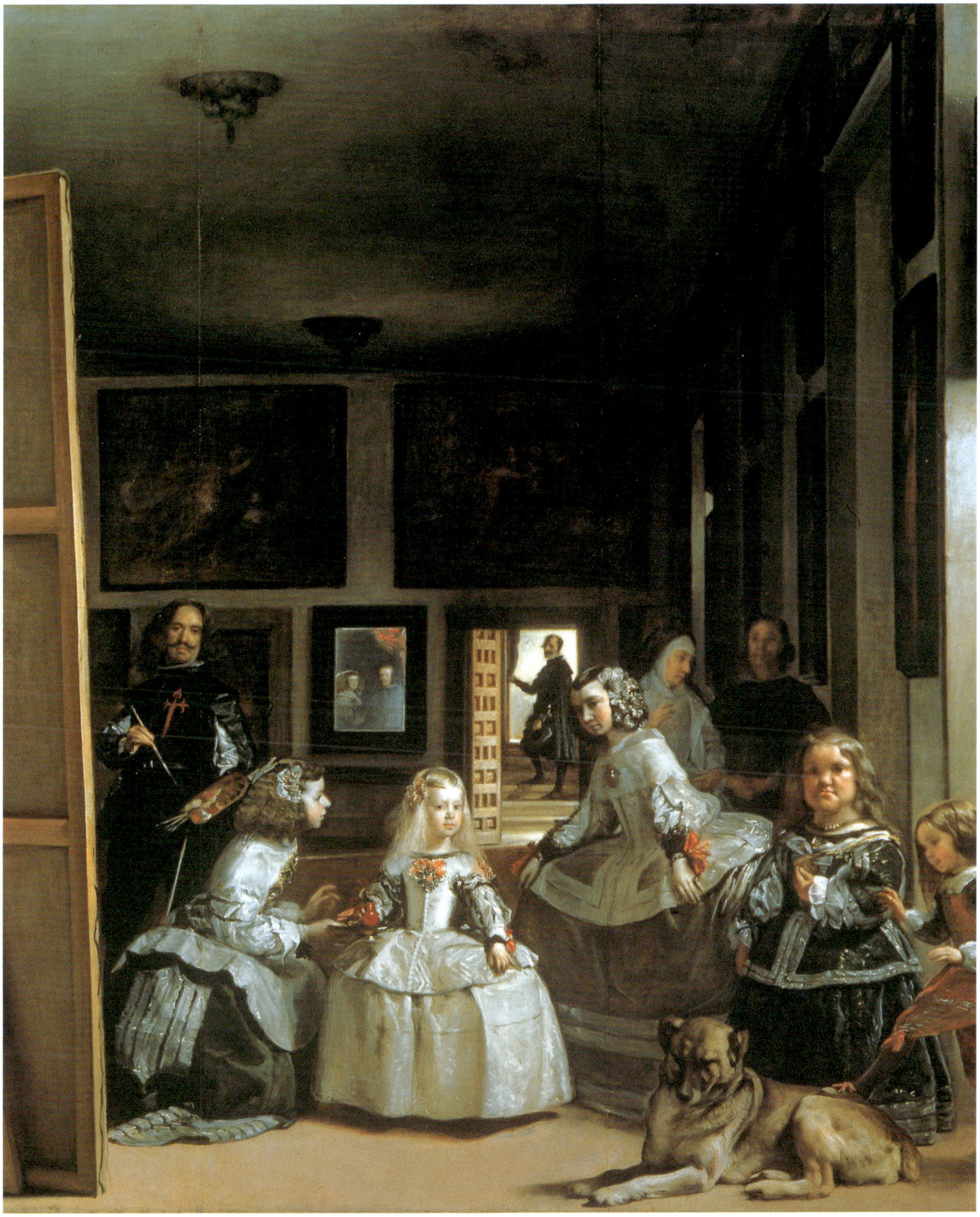

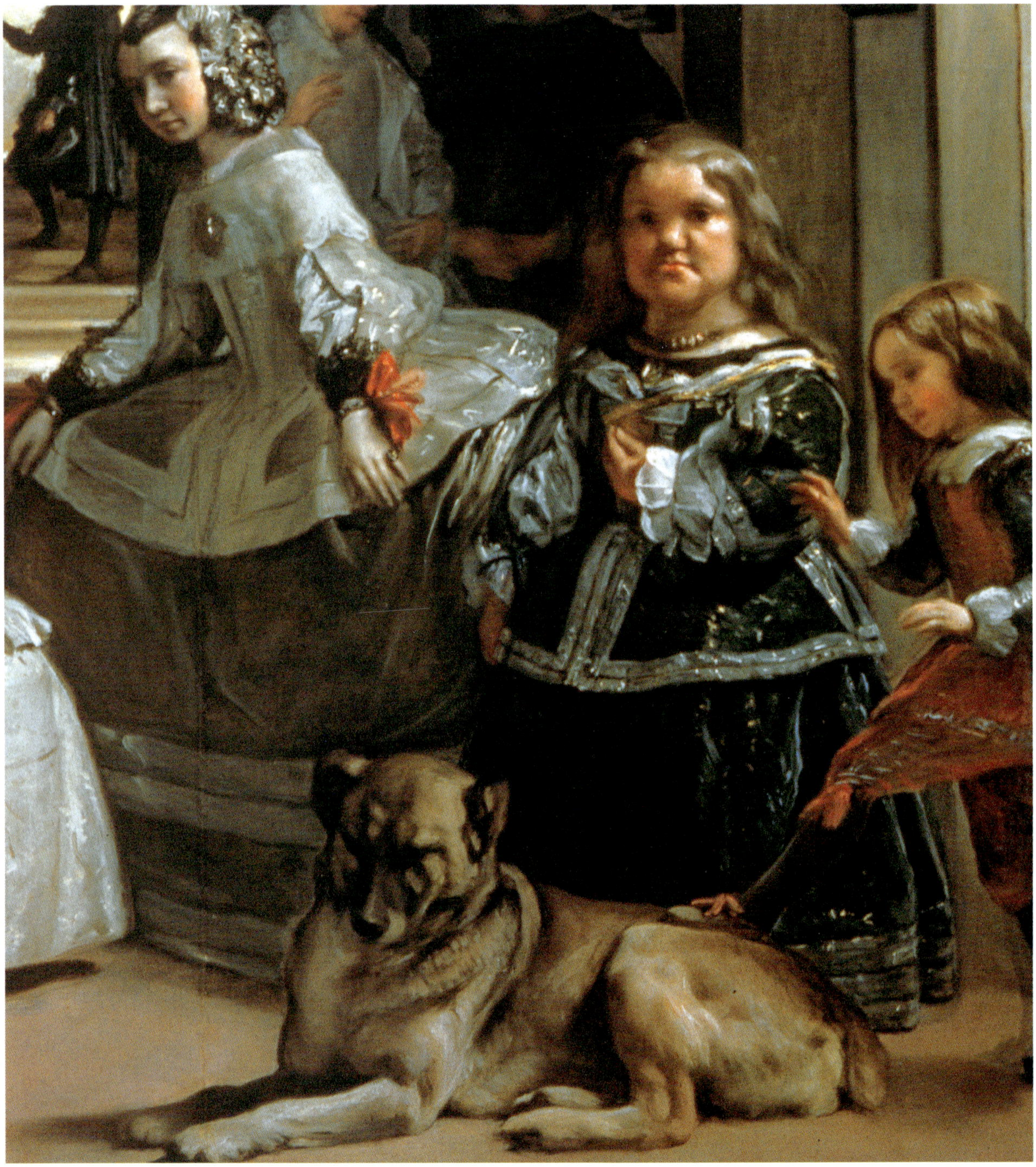

Las meninas
o La familia de Felipe IV
Detalle

La suave inclinación de Isabel de Velasco y el trío formado por los enanos Mari-Bárbola y Nicolás de Pertusato cierran la parte derecha de la composición, en la que destaca, además, la poderosa figura de un mastín, siguiendo un sutil y calibrado juego de equilibrio de masas.

Desde aproximadamente mediados del siglo XIX, esta obra de Velázquez ha estado sujeta a múltiples interpretaciones, decantándose las épocas más modernas por considerarla una composición alegórica o emblemática a tenor de las citadas pinturas mitológicas que cuelgan de la pared. No existe duda alguna respecto a que Velázquez conocía las interpretaciones corrientes de ambas obras, como tampoco lo es que había visto en las colecciones reales el lienzo de Van Eyck titulado *Juan Arnolfini y su esposa*, actualmente en la National Gallery de Londres, en la que la imagen de los dos personajes se ve reflejada únicamente en un espejo del fondo. Además, las radiografías realizadas en 1960 a *Las meninas* relevan que el artista fue realizando muchos cambios mientras creaba la tela, aportando variantes a casi todas las figuras. En definitiva, lo que Velázquez estaba pintando no se ve. Una de las versiones sobre esta incógnita es la hipótesis de que Velázquez se representó a sí mismo en el momento de retratar a la infanta Margarita; o bien, dadas las dimensiones de la tela en la que está trabajando, podría estar pintando la escena que se presenta al espectador, incluidos los retratos de los miembros de la casa real, de los sirvientes y de sí mismo. Pero ni una hipótesis ni otra tienen en cuenta que, en el cuadro, Velázquez está detrás de la infanta y de la menina que le lleva el agua y que no mira a ninguna de las dos.

Otra de las conjeturas más plausibles es que Velázquez se representó en el momento de retratar a Felipe IV y a la reina Mariana. Sin embargo, la tela en la que está pintando Velázquez es demasiado grande incluso para el retrato de dos personas y tampoco se sabe que el artista hubiese pintado nunca a ambos reyes juntos. Por lo demás, no hay ninguna duda que se encontraban más allá del espacio limitado por la pintura. La implícita suposición de su presencia se plasma, por un lado, en las posturas y expresiones de los personajes del cuadro y, por otro, en la imagen reflejada en el espejo. Así, la finalidad de este último es insinuar la presencia de Felipe IV en el taller. Si el rey en persona estaba presente, delante del cuadro, podía ver su propia imagen reflejada, y si no estaba allí, el cuadro podría entenderse como un retrato de la infanta y su pequeño séquito, atribuyéndose la imagen especular al reflejo de lo representado en el caballete del pintor. Se trata, una vez más, de una pintura dentro de otra, pero en ésta la presencia del rey demostraba categóricamente que la pintura era la más noble de las artes.

Con la utilización de un marco real y de personas auténticas, Velázquez predispuso al espectador a contemplar la escena como un hecho verídico y no como la captación de un acontecimiento ficticio. Asimismo, el pintor también sacó brillante provecho del contraste entre el primer plano, pleno de luz y color, y el vasto espacio en penumbra que los rodea. En ningún otro de sus cuadros describió Velázquez el entorno de una manera tan arquitectónicamente perfecta; además, es la única vez que aparece el techo de una habitación. La composición se desarrolla a lo largo de diagonales, centrándose las dos que se cruzan más o menos en el punto que corresponde a la infanta Margarita. En el momento de pintar las figuras, Velázquez también se planteó para su representación unas actitudes reales, por lo cual cada una de ellas reacciona a su manera ante la entrada o presencia del rey. Así, pese a los grandes efectos visuales existentes, el aspecto dramático del cuadro está cuidadosamente estructurado y tanto los gestos como la expresión y las posturas de los personajes están equilibrados de manera exquisita.

Las meninas es también un ejemplo de obra en la que su autor plasmó sus ambiciones de artista y cortesano. Pintada cuando contaba casi 60 años, todos los artistas han visto en ella la esencia del pensamiento de Velázquez.

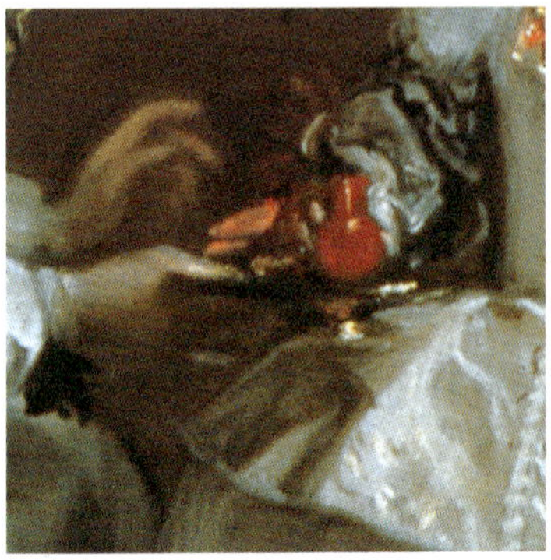

Las meninas
o La familia de Felipe IV
Detalle

La pincelada libre y segura de Velázquez puede apreciarse en el búcaro que María Agustina Sarmiento ofrece a la infanta Margarita, compendio de la acción de un personaje que con su gesto llena un instante de vida.

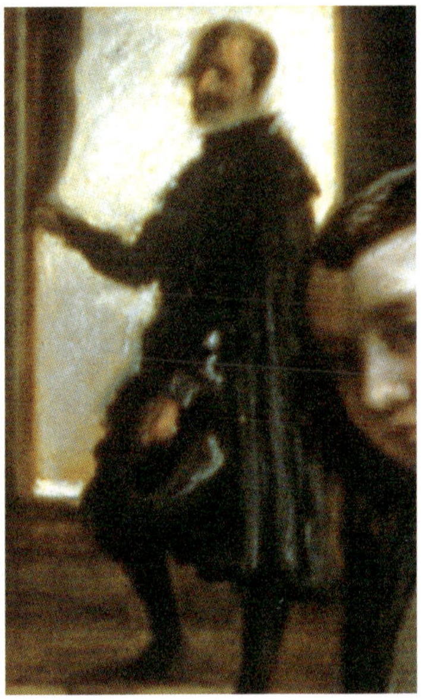

Las meninas
o La familia de Felipe IV
Detalle

Al fondo, tras la puerta, la figura del mayordomo real José de Nieto cierra esta descripción de los personajes que integraban la corte, y su posición sobre los peldaños da profundidad a la composición.

Muerte de Velázquez

El acuerdo de paz entre España y Francia cierra la última fase del trabajo de Velázquez en cuanto a su faceta de decorador cortesano. Ambas naciones estaban en guerra desde 1635, aunque desde 1654 el éxito se había ido afianzando en favor de la corona francesa tras la alianza rubricada en aquel año

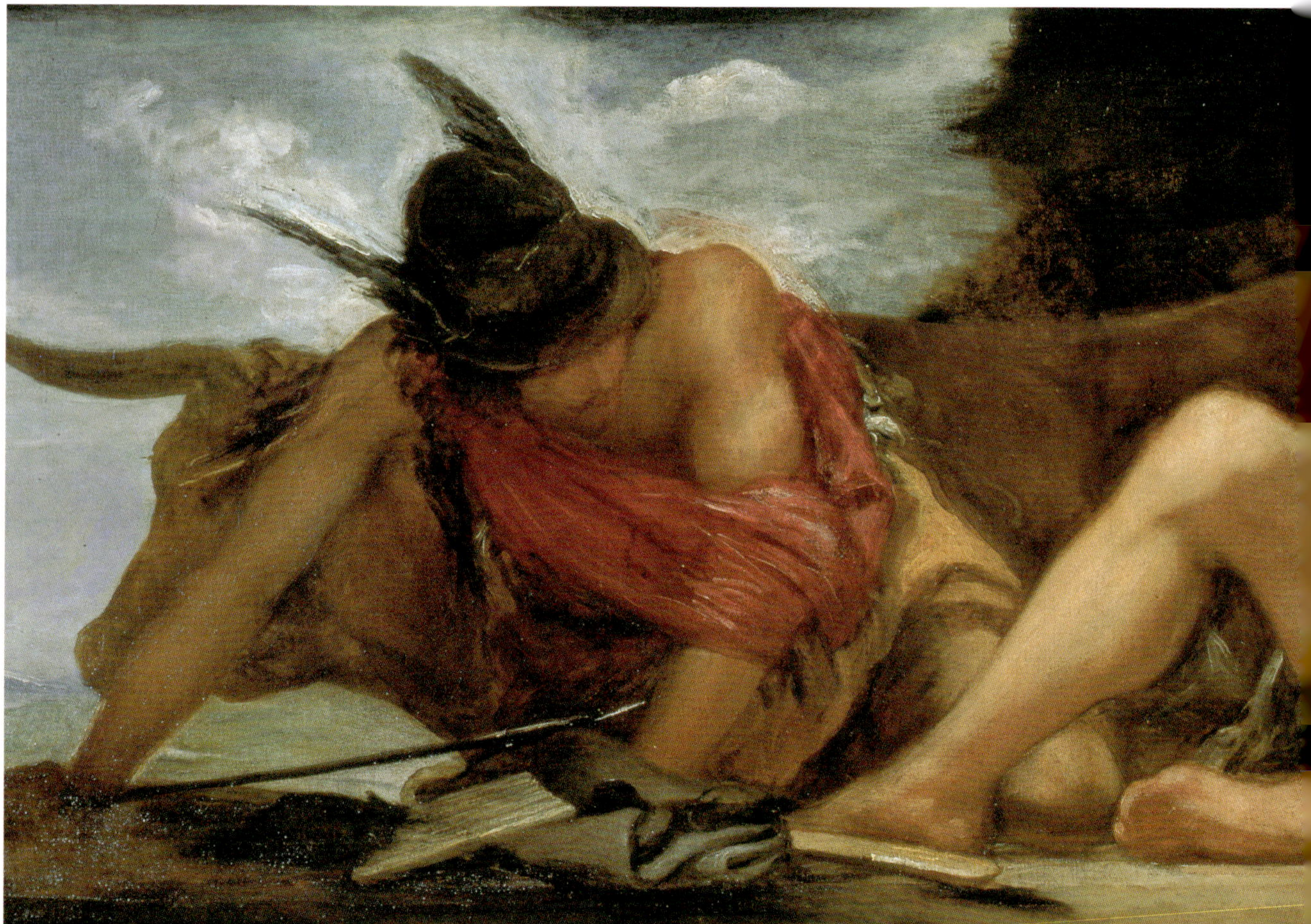

entre esta última e Inglaterra. Sin embargo, por fin, en mayo de 1659 se decidió firmar un armisticio, acto al que siguieron las negociaciones de un tratado de paz conseguido en la frontera francoespañola con el nombre de Paz de los Pirineos en junio de 1660.

En el espacio del año que medió entre el armisticio y el tratado se produjeron dos importantes acontecimientos de estado que exigieron que Velázquez diseñara dos escenarios para Felipe IV. Uno de ellos fue el Salón de los Espejos, estancia ya mencionada y designada para recibir a la embajada desplazada en otoño de 1659 desde Francia y representada por el mariscal duque de Gramont, en nombre del joven rey de Francia Luis XIV, para pedir la mano de la infanta María Luisa, matrimonio incluido entre las negociaciones de ambas naciones. Velázquez se ocupó, en primer lugar, de la colección de pintura. En 1658 se habían retirado del lugar siete lienzos, obras de Rubens, Il Domenichino, Van Eyck y un anónimo, y fueron sustituidos por cuatro obras de Tintoretto, dos del Veronés y una de Leandro Bassano como ejemplos del Renacimiento veneciano. Rubens estaba representado con diez obras, y entre los otros maestros del siglo XVII se hallaban Ribera y Orazio Gentileschi. A todo ello se sumó la obra del propio Velázquez, quien además de *La expulsión de los moriscos*, que ya estaba en el Salón, pintó con este motivo cuatro

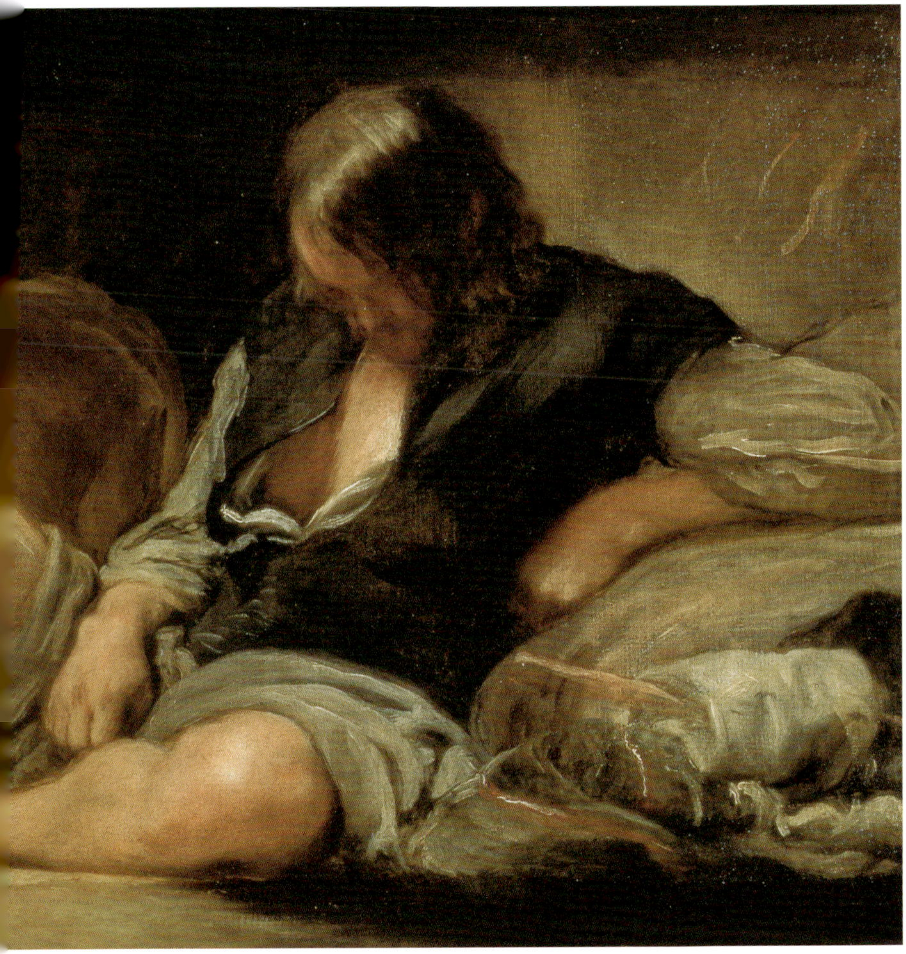

Mercurio y Argos
1659, óleo sobre lienzo, 127 × 250 cm
Madrid: Museo del Prado

Varias han sido las explicaciones dadas para justificar la presencia de este cuadro, en el que Velázquez planteó una reflexión muy personal del tema mitológico, en el Salón de los Espejos, siendo una de ellas la de que se trata de una alusión a la necesaria vigilancia que debe ejercitar continuamente el príncipe.

nuevas mitologías: *Apolo y Marsias*, *Venus y Adonis*, *Cupido y Psique* y, finalmente, *Mercurio y Argos*, la única que se conserva tras el incendio que destruyó el palacio real en 1734.

La ubicación original de esta última obra entre dos ventanas hizo bajar la guardia a Velázquez y le invitó a desarrollar una extraordinaria libertad de ejecución, lo cual explica sus iniciales medidas insólitas y el hecho de que fuese ampliada en altura a finales del siglo XVIII. La figura dormida de Argos está realzada mediante toques de luz, mientras que el resto de la composición se va abriendo paso desde la media penumbra hacia la oscuridad. Para compensar la monumentalidad de las figuras, que dan profundidad y espacio a la composición, Velázquez acentuó el interés del mundo de la fábula con la ayuda de anchas pinceladas. Tintes oscuros casi esconden los rostros de Argos y Mercurio, y las luces violentas sobre sus cuerpos subrayan la perfidia de la acción que se describe. Argos, con vestidos casi harapientos, yace sumido en un pesado sueño a la sombra de una caverna, mientras Mercurio, con vestido de color rojo y amarillo opaco, se acerca furtivo de rodillas. El perfil terroso, rojizo, del novillo se recorta en la sombra de la caverna y sobre el cielo lejano y nuboso. La extraordinaria y calculada pincelada de Velázquez revela una técnica inspirada en los lienzos de los grandes maestros que acompañaban a esta obra en el Salón de los Espejos.

A la revisión de esta galería de pintura se le unió por parte de Velázquez la proyección de un amplio fresco para el techo, que fue realizado por Angelo Colonna y Agostino Mitelli, aquellos fresquistas que el artista convenció durante su segundo viaje a Italia para que viniesen a trabajar a Madrid. Contaron con la ayuda de los españoles Carreño y Francisco Rizi, quienes ejecutaron para aquella ocasión una serie de cinco escenas basadas en el mito de Pandora. Así pues, la ceremonia, celebrada finalmente el día 16 de octubre, acogió a la delegación en un espléndido Salón de los Espejos que despertó gran admiración.

El colofón a la audiencia celebrada por Felipe IV fue el acto final de la tregua franco-española, resumida en el encuentro entre los dos monarcas en la Isla de los Faisanes y que se convirtió en el segundo de los escenarios preparados por Velázquez para su rey. La Isla de los Faisanes era la denominación que recibió un minúsculo trozo de tierra enclavado en el río Bidasoa y que dividía el territorio francés y español entre San Juan de Luz de un lado e Irún de otro, lugar donde Luis de Haro y Mazarino acordaron la Paz de los Pirineos. Allí se erigió un pabellón con sala central y dos series de aposentos y oratorios, destinados a los monarcas de ambos países y sus respectivos séquitos. Velázquez, en su calidad de aposentador mayor de palacio, se ocupó de los alojamientos de Felipe IV y sus acompañantes en las etapas del viaje de ida y vuelta. El 8 de abril de 1660 salió hacia Fuenterrabía, que era la población más próxima a la isla del lado español, acompañado de un pequeño grupo de ayudantes. Como consecuencia de su trabajo, tuvo que pasar por Alcalá, Guadalajara, Jadraque, Berlanga, San Esteban de Gormaz, Burgos, Briviesca, Pancorbo, Miranda, Tolosa, Hernani y San Sebastián, organizando los alojamientos regios en todas las escalas. Todo ello significó casi un mes de viaje hasta la frontera, más los cuidados exquisitos del hospedaje español en el pabellón de la isla, a los que hubieron de añadir las etapas de regreso.

El histórico encuentro entre los dos reyes tuvo lugar el 6 de junio, y su reflejo en el arte, en un tapiz diseñado por Charles LeBrun en el que hizo gala de una sutil lectura en el momento de poner de relieve el contraste entre los estilos de ambas realezas. Velázquez volvió a Madrid el 20 de junio, donde le esperaban las cuentas de los gastos del viaje con los pagos correspondientes a los proveedores de cada parada. Estas fatigas, acompañadas de alguna infección debida probablemente al desorden en las comidas, le provocaron una enfermedad de la que no se salvó.

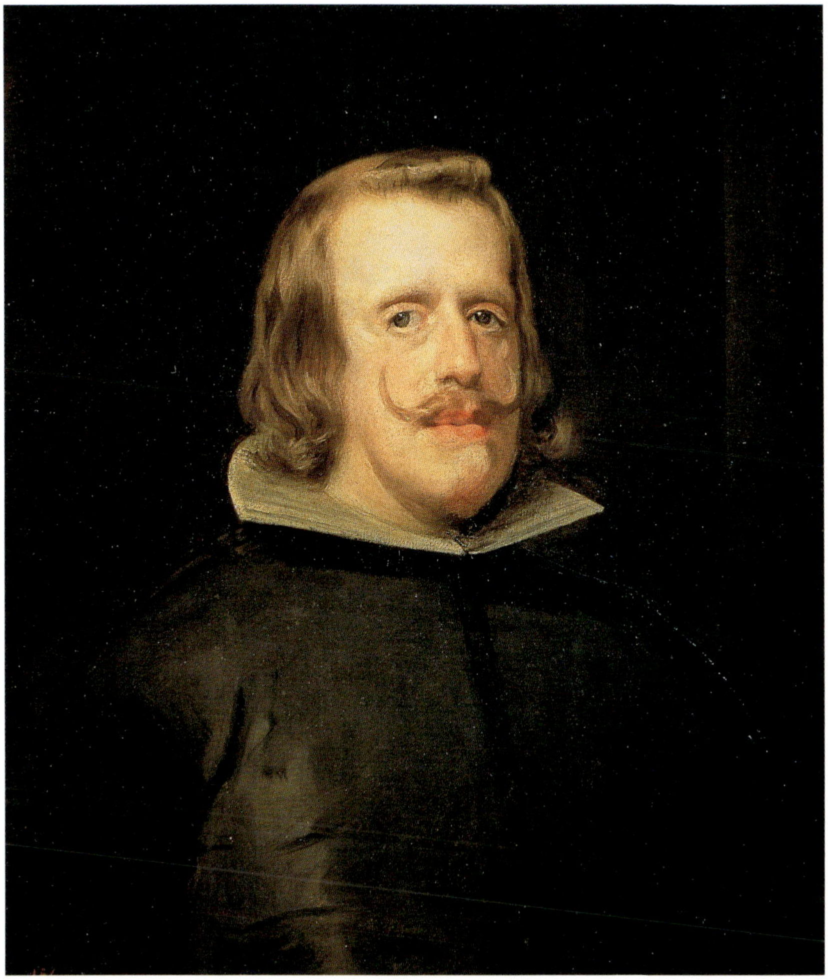

Felipe IV
1652-1653, óleo sobre lienzo, 69 × 56 cm
Madrid: Museo del Prado

Este busto del rey es uno de las más conocidos del artista, quien con gran economía de medios logró las más altas cotas de eficacia en la transmisión de un perfil psicológico y demostró una vez más que los elementos esenciales del retrato son, sin ayuda de atributo alguno, los rasgos del rostro del modelo.

Con la muerte de Felipe IV en 1665, la reina Mariana de Austria pasó a convertirse en regente del reino más extenso y poderoso de la tierra mientras llegaba el momento de la mayoría de edad de su hijo Carlos, cometiendo el grave error de entregar su gobierno al jesuita alemán Everardo Nithard, su confesor, carente de todo sentido político. En 1669, Juan José de Austria, el hermano bastardo del futuro Carlos II, consiguió que el nuevo valido fuese sustituido. Durante tres años la reina gobernó sola, valiéndose de la ayuda de Fernando Valenzuela, contra quien también alzó sus iras Juan José de Austria, consiguiendo finalmente su deportación y haciéndose con el poder hasta que falleció en 1679. En ese año, Carlos II se casó con María Luisa de Orleáns. La reina Mariana de Austria, quien no se avino ni con ella ni con Mariana de Neoburgo, la segunda esposa de su hijo, murió en 1696. No obstante, ya desde la mayoría de edad de Carlos II (1675), el Imperio español apuntaba de forma inapelable hacia el ocaso. Con la muerte de este rey, en noviembre de 1700, desapareció la rama española de los Austria al no haber tenido descendencia propia. Pero ni de su arte ni de su época fue ya testigo Velázquez, quien había fallecido en agosto de 1660.

BIBLIOGRAFÍA

ANGULO IÑÍGUEZ, Diego: *Velázquez. Cómo compuso sus cuadros principales*. Sevilla, 1947.

ANGULO IÑÍGUEZ, Diego: *Pintura del siglo XVII*, «Ars Hispaniae. Historia del Arte Hispánico», vol. XV. Madrid, 1971.

BERUETE, Aureliano de: *Velázquez*. París, 1898.

BROWN, Jonathan: *Painting in Seville from Pacheco to Murillo: A study of artistic transition*. Princeton, 1981.

BROWN, Jonathan: *Imágenes e ideas en la pintura española del siglo XVII*. Madrid, 1981.

BROWN, Jonathan: *Velázquez, pintor y cortesano*. Madrid, 1986.

BROWN, Jonathan: *Catálogo Exposición Velázquez, Rubens y Van Dick*. Madrid, 1999-2000.

BROWN, Jonathan, y ELLIOT, John H.: *Un palacio para el rey. El Buen Retiro y la Corte de Felipe IV*. Madrid, 1981.

BROWN, Jonathan, y GARRIDO, Carmen: *Velázquez, la técnica del genio*. Madrid, 1998.

CAMÓN AZNAR, José: *Velázquez*. 2 vols. Madrid, 1964.

CARDUCHO, Vicente: *Diálogos de la pintura*. Madrid, 1633.

Catálogo: *Velázquez*. Madrid, 1990.

Catálogo: *Velazquez in Seville*. Edimburgo, 1996.

Catálogo: *Velázquez y lo velazqueño*. Madrid, 1960.

Catálogo: *Velázquez y Sevilla*. 2 vols. Sevilla, 1999.

FAURE, Élie: *Vélasques*. París, 1903

GÁLLEGO, Julián: *Velázquez en Sevilla*. Sevilla, 1974.

GÁLLEGO, Julián: *El pintor: de artesano a artista*. Granada, 1976.

GÁLLEGO, Julián: *El cuadro dentro del cuadro*. Madrid, 1978.

GÁLLEGO, Julián: *Velázquez*. Barcelona, 1983.

GAYA NUÑO, Juan Antonio: *Bibliografía crítica y antológica de Velázquez*. Madrid, 1963.

GAYA NUÑO, Juan Antonio: *Velázquez*. Barcelona, 1970.

GUDIOL, José: *Velázquez (1599-1660)*. Barcelona, 1973.

GUÉ TRAPIER, Élizabeth du: *Velazquez*. Nueva York, 1948.

HARRIS, Enriqueta: *Velázquez*. Oxford, 1982.

JUSTI, Karl: *Velázquez y su siglo*. Madrid, 1953.

LAFUENTE FERRARI, Enrique: *Velázquez. Complete edition*. Londres/Nueva York, 1943.

LEVEY, Michael: *Painting at Court*. Londres, 1991.

LÓPEZ-REY, José: *Velázquez. A Catalogue Raisonné of His Oeuvre, with an Introductory Study*. Londres, 1963.

LÓPEZ-REY, José: *Velázquez. The artist as Make*. Lausana-París, 1976.

LÓPEZ TORRIJOS, Rosa: *La mitología en la pintura española del Siglo de Oro*. Madrid, 1985.

MARAVALL, José Antonio: *Velázquez y el espíritu de la modernidad*. Madrid, 1960.

MARÍAS, Fernando: *Diego Velázquez*. Madrid, 1996.

MAYER, August: *Velázquez, a Catalogue Raisonne of the Pictures and Drawings*. Londres, 1936.

OROZCO DÍAZ, Emilio: *El barroquismo de Velázquez*. Madrid, 1965.

ORTEGA Y GASSET, José: *Velázquez*. Zurich-Madrid, 1944.

PACHECO, Francisco: *Arte de la Pintura*. Sevilla, 1649 (1638).

PALOMINO, Antonio: *El Museo pictórico y escala óptica*. Madrid, 1947.

PANTORBA, Bernardino de: *La vida y la obra de Velázquez. Estudio biográfico y crítico*. Madrid, 1955.

PÉREZ SÁNCHEZ, Alfonso Eduardo: *La nature morte espagnole du XVIIème siècle à Goya*. Friburgo, 1987.

PÉREZ SÁNCHEZ, Alfonso Eduardo: *La pintura barroca en España*. Madrid, 1992.

SÁNCHEZ CANTÓN, Francisco Javier: *Fuentes literarias para la historia del arte español*. Madrid, 1923-1941.

SÁNCHEZ CANTÓN, Francisco Javier: *Las Meninas y sus personajes*. Barcelona, 1943.

SEBASTIÁN, Santiago: «Nueva lectura de "Las hilanderas". La emblemática como clave de su interpretación», *Traza y Baza*, 4, 1974.

SEBASTIÁN, Santiago: «Lectura iconográfico-iconológica de "La fragua de Vulcano"», *Traza y Baza*, 8, 1983.

TRIADÓ TUR, Juan Ramón: *La pintura del Siglo de Oro*, «Historia de la Pintura Española», vol. II., Barcelona, 1999.

VALDIVIESO, Enrique: *La pintura sevillana de los siglos de Oro*. Sevilla, 1991.

VARIOS: *Homenaje en el tercer centenario de su muerte*. Madrid, 1960.

VARIOS: *La obra pictórica completa de Velázquez*, «Clásicos del Arte», vol. 13. Barcelona-Madrid, 1970.

VELÁZQUEZ EN LA CRÍTICA

«Pincel, que a lo apacible y a lo fuerte
les robas la verdad, también fingida,
que la ferocidad en ti es temida,
y el agrado parece que divierte.
Dí, ¿retratas o animas?, pues de suerte
esa copia Real está excedida
que juzgará que el lienzo tiene vida,
como cupiera en lo insensible muerte.
Tanto el regio dominio que ha heredado
el retrato publica esclarecido,
que aún el mandar la vista le ha escuchado.
Y ya que en el poder es parecido
lo más dificultoso has imitado,
que es más fácil el ser obedecido.»

Luis Vélez de Guevara, *A Velázquez* (1579-1644)

«Por ti el gran Velázquez ha podido,
diestro, quanto ingenioso,
ansí animar lo hermoso,
ansí dar a lo mórbido sentido
con las manchas distantes,
que son verdad en él, no semejantes,
si los efectos pinta
y de la tabla leve
huye bulto la tinta, desmentido
de la mano el relieve».

Francisco de Quevedo, *A Velázquez* (1580-1645)

«¿Pues qué? ¿Los bodegones no se deben estimar? Claro está que sí, si son pintados como mi yerno los pinta, alzándose con esta parte sin dexar lugar a otro, y merecen estimación grandísima; pues con estos principios y los retratos [...] halló la verdadera imitación del natural, alentando los ánimos de muchos con su poderoso ejemplo.»

Francisco Pacheco, *Arte de la Pintura* (1638)

«Muchas y admirables obras he visto en Palacio deste escogido artífice, mas la que me ha causado más admiración fue un retrato del Rey Nuestro Señor, que acababa de hacer, que al verle me infundió respeto y probocó a dignissima beneración y reberencia, porque no le faltaba más al retrato que la voz, porque tenía mucha alma en carne viva.»

Lázaro Díaz del Valle, *Epílogo y Nomenclatura de algunos Artífices.* (Manuscrito, 1656-1659)

«A tal punto creció su habilidad en hacer bellos retratos y conducidos con arte y con tanto parecido que suscitaban gran maravilla, tanto entre los pintores cuanto entre los hombres de buen gusto».

Jusepe Martínez, *Discursos practicables del nobilísimo arte de la pintura* (1682)

«Cleante y Velasque fueron dos pintores españoles contemporáneos del Cortona. En el gabinete del rey hay un Paisaje con figuras realizado por Cleante [Collantes]; y en los aposentos de la planta baja del Louvre, varios Retratos de la Casa de Austria pintados por Velasque [Velázquez].

–¿Qué veis notable, dijo Pymandre, en las obras de estos dos desconocidos, pues no recuerdo haber oído hablar de ellos? Por lo demás, ¿no es cierto que de su país apenas han salido grandes pintores?

–Observo en ellos, le respondí, las mismas cualidades que en aquellos que no han logrado ser de primera fila, excepto que parece, a la vista de su estilo, que hayan elegido y mirado la naturaleza de un modo muy peculiar, no dando a sus cuadros, amén de la natural semejanza, aquel hermoso aire que realza y agracia los de los pintores de que hablábamos.»

André Félibien des Avaux, *Entretiens sur les vies et sur les ouvrages des plus excellens peintres anciens et modernes* (París, 1688)

«Objetáronle algunos [a Velázquez] el no pintar con suavidad y hermosura asuntos de más seriedad, en que podía emular a Rafael de Urbino y satisfizo galantemente diciendo: "Que más quería ser primero en quella grosería que segundo en la delicadeza".»

Antonio Palomino, *El Museo pictórico, Escala óptica* (1724)

«Velázquez dibujaba todo lo que se le presentaba: animales, pájaros, peces, paisajes, frutas, vegetales; los pintaba con tanta naturalidad que se ganó una gran estimación. El cuadro de un aguador que presentó mal vestido, con el pecho desnudo dando de beber a un niño, hizo tanto ruido, que Felipe IV quiso poseerlo y lo colocó en el palacio del Buen Retiro. Velázquez gustaba de representar gente a la mesa, tabernas y cocinas: se aficionó a esta clase de temas que pintaba con liberales pinceladas, con luces y tonos extraordinarios, prefiriendo, decía, ser el primero en su manera rústica, que el segundo en otra más acabada y copiando a los demás. Su maestro, Pacheco, hizo traer de Italia diversos cuadros, que ennoblecieron el pensamiento de Velázquez; dejó enseguida los temas bajos para dedicarse a la historia y al retrato.»

Antoine J. Dezallier d'Argenville, *Abréggé de la vie des plus fameux peintres.* (París, 1762)

«Donde indudablemente Velázquez dio la más exacta idea de la verdad misma, fue en el cuadro de *Las hilanderas*, que pertenece a su último estilo y está hecho de tal modo que parece que la mano no haya tenido parte alguna en la ejecución y que sólo haya sido pintado con la voluntad.»

Antonio Rafael Mengs, *Carta a Antonio Ponz* (1776)

«En esta clase de los naturalistas, de que no pretendemos sacarle, pero que nos debe interesar mucho, por lo mismo que están en ella nuestros más célebres pintores, ¿quién se ha elevado tanto como Velázquez? Puede ser Juanes más dulce, Morales más patético, Murillo más gracioso y Cano más exacto, pero ¿qué pincel, aunque entren en la lid los de Tiziano y Tintoreto, ha sido tan fuerte, tan expresivo, tan veraz como el de Velázquez? ¿Quién graduó con más inteligencia las luces y las sombras? ¿Quién marcó más fuertemente las distancias y los términos? ¿Quién entonó con más armonía, quién combinó con más tino con los fondos los colores y las tintas? De él se dice que llegó a pintar lo que no se ve, esto es, hasta lo que se ve más bien con el espíritu que con los ojos».

Gaspar Melchor de Jovellanos, *Reflexiones y conjeturas sobre el boceto original del cuadro llamado «La familia»* (1789)

«Cuánto lamento que no estéis aquí y qué alegría hubiera sido la vuestra de haber visto a Velázquez que, por sí solo, vale el viaje. Los pintores de todas las demás escuelas, que lo rodean en el Museo de Madrid, en el que están muy bien representados, parecen farfulladores comparados con él. Es el pintor de los pintores».

Édouard Manet, *Carta desde Madrid a H. Fantin-Latour* (1865)

«Velázquez es como un cristal sobre el mundo. Nada como los cristales para merecer el respeto debido a la veracidad. Nada, sin embargo, que corra tanto peligro de dejarnos en duda sobre si existen.

Pero nadie se perdonaría a sí mismo la necedad de predicarle a Velázquez. Él es como es: tranquilo, impasible, irresponsable. Y también sus criaturas, emancipadas aquí de cualquier preocupación de vuelo o de peso, son como son y están como están.»

Eugeni d'Ors, *Tres horas en el Museo del Prado* (1922)

«Cuando quedó instalado en Madrid y pudo estudiar los grandes venecianos, su estilo cambió. Su paleta pasó de ser predominantemente parda, a ser entonada en grises y negros. Se sintió cada vez más seguro de sí mismo, y procuró representar movimiento, consiguiéndolo... Luego Velázquez viajó por Italia y conoció mejor sus artistas, no sólo los del pasado, también los vivos. Su paleta se hizo más rica en color, tendencia que acrecentará el correr de los días. Sus pinceladas hiciéronse cada vez más sueltas y libres; y pronto alcanzaron una precisión única en la pintura europea. La pincelada segurísima de Velázquez en su madurez solamente puede ser comparada a la de los pintores orientales.»

Xavier de Salas, *Velázquez* (1962)

«Velázquez, como Cervantes, son aparentemente sencillos, naturales como la vida misma. Se diría que se limitaron a copiar aplicadamente aquello que veían. Su aspecto de simplicidad nos oculta el enorme trabajo de creación que su obra encierra. En ambos hay un a modo de pudor del trabajo que su libro o su cuadro les han costado. "El primor –escribía un amigo de Velázquez, el cronista aragonés Ustarroz– consiste en pocas pinceladas obrar mucho, no porque las pocas no cuesten, sino que se ejecuten con liberalidad, que el estudio parezca acaso y no afectación." Es decir: el arte de un gran pintor, como Velázquez, consiste en lograr un efecto satisfactorio con medios sencillos, de manera que el fruto de sus estudios parezca a quien lo mire producto de la casualidad y no de una labor encarnizada.»

Julián Gállego, *Diego Velázquez* (1983)

ÍNDICE ALFABÉTICO DE OBRAS

Campezo 13 - 28022 Madrid
Tel.: 91 3009100 - Fax: 91 3009118
Impreso y encuadernado en España
www.susaeta.com

D.L.: M-29809-MMXV